ZHONGGUO JIAOYU ZHENGCE PINGLUN 2015

袁振国　主编

中国教育政策评论

2015

教育科学出版社
·北京·

中国教育政策评论2015

地　　址： 上海市中山北路3663号华东师范大学教育学部

邮　　编： 200062

电　　话： 021－62221255

电子邮件： zjhuang@dedu.ecnu.edu.cn

前 言

1985年5月27日，中共中央颁布了《关于教育体制改革的决定》，中国教育体制改革的序幕由此开启。推进“地方负责、分级管理”的九年制义务教育；调整中等教育结构，大力发展职业技术教育；改革高等学校的招生分配制度，扩大高等教育办学自主权，极大地激发了全民关心教育、支持教育、办好教育的积极性和创造性，也极大地激发了教育的活力，推进中国实现了从人口大国向人力资源大国的转变。

为了总结教育改革开放的成功经验，研究新形势下的新情况、新任务，探讨教育改革的新思路、新办法，进一步创新教育思维，激发教育活力，办更好的教育，2015年5月25日至26日，华东师范大学联合中国教育学会、中国高等教育学会、光明日报社，举办了主题为“全面深化教育体制改革，办更好的教育”的纪念《中共中央关于教育体制改革的决定》颁布30周年大型论坛，为进一步推进国家教育体制改革，推动改革开放和社会主义教育现代化建设迈上新台阶，汇聚智慧，建言献策。

《中国教育政策评论 2015》汇集了 23 位专家的论坛发言，同时，还收集了另外三篇与教育体制机制改革相关的历史回顾、国别比较的文章，供读者参阅。

袁振国

2015 年 10 月 16 日

目 录

□ 钟秉林

教育改革的过去、现在与未来

1985 年 5 月 27 日，经中共中央政治局审议通过的《中共中央关于教育体制改革的决定》（以下简称《决定》）正式颁布，至今已经 30 周年。今天中国教育学会、中国高等教育学会、华东师范大学和光明日报社联合举办这次论坛，隆重纪念这一在中国教育发展史上具有重大意义的事件，在此，我谨代表中国教育学会对会议的召开表示热烈的祝贺，对各位领导和专家学者的与会表示诚挚的欢迎！

回顾 30 年来我国教育体制改革的历史进程，《决定》作为行动纲领一直引领和影响着我国教育事业的各项决策和部署。从 1986 年颁布《义务教育法》到 1993 年印发《中国教育改革和发展纲要》，从 1999 年发布《关于深化教育改革全面推进素质教育的决定》到 2010 年印发《国家中长期教育改革和发展规划纲要（2010—2020 年）》，这些都是我国教育事业改革发展进程中的一座座里程碑。每一座里程碑都能看到当初《决定》的身影，其中关于对教育改革根本目的的阐释，关于对各级各类教育发展关系的定位至今仍然具有旺盛的生命力。

30 年过去了，随着改革开放的不断深化和经济社会的快速发展，我国教育事业取得了令人瞩目的成就——免费义务教育全面实施，学前教育和高中阶段教育加快普及，职业教育快速发展，高等教育进入大众化阶段，上学难的问题得到根本缓解，入学机会已经不再是社会稀缺资源。30 年来，随着教育普及化程度的不断提高，教育资源配置进一步向薄弱学校、欠发达地区和弱势群体倾斜，教育公平进入了新的阶段；农村薄弱校改造工程、农村义务教育学生营养改善计划继续实施，缩小了教育的城乡差距和区域差距；支援中西部地区招生协作计划和联片地区招生计划扩大实施，增加了中西部地区学生和农村学生接受高等教育和进入重点大学学习的机会。30 年来，我国的中小学评价模式正在发生实质性的转变，破解“应试教育”的制度环境正在逐步形成，比如上海市全面推行“绿色评价”，不再以分数和入学率作为学生考核和学校评价的唯一依据；2013 年颁布的《关于推进中小学教育质量综合评价改革的意见》也力图从根本上扭转单纯以学生学业考试成绩和学校升学率评价中小学教育质量的倾向。30 年来，我国大中小学的人才培养模式改革不断深化，坚持以提高质量和优化结构为核心的内涵式发展，已经形成广泛的共识。许多中小学校立足校本研究，积极探索学生全面发展的有效教育模式；许多高校面向社会需求，结合学科专业特色，积极探索多样化的人才培养模式，努力培养经济社会发展急需的拔尖创新人才、学术性人才和应用型技术人才。30 年来，特别是近几年来，政府职能转变和简政放权的力度不断加大，在国家层面大力推进中央向地方放权，政府向学校放权，强化学校的办学主体地位，支持专业机构和社会组织规范开展教育评价，坚持以学校为主体，以学生发展为本位，健全多元化的评价标准，采用现代化评价方法和技术保证教学评价的科学性、规范性和独立性，切实发挥教育评价的诊断、导向和激励作用，努力形成政府管教育、学校办教育、社会评教育的格局。

在肯定成绩的同时，我们也要清醒地认识到：虽然我国教育规模已位列世界之首，成为教育大国，但还不是教育强国；我们的人才培养质量还不够高，国际竞争力还不够强，优质教育资源短缺，还不能很好地满足人民群众的需求和经济社会发展的需要，特别是培养创新人才乏力、技能型人才短缺、教育对经济转型升级和全面建成小康社会应当发挥的人力支持及智力支撑作用还没有充分地发挥；我们的教育观念仍然比较落后，对于教育外部环境发生的变化不够敏感，不少学校仍一味地延续传统的课堂教学模式，教育方式和管理模式还不能很好地适应知识数字化和互联网技术发展的新要求；我们的教育资源配置仍然不够均衡，区域、城乡、学校之间的差距仍然较大，在中西部农村仍有不少学校基本的校舍安全难以保障，教学仪器设备严重短缺；我们的办学体制仍然比较僵化，虽然实现了财政性教育经费支出占 GDP 比例 4%的目标，但是非财政性教育经费所占比例下降，在我国主动调节经济增长速度的背景下鼓励社会力量参与举办教育环境亟待完善；我们的教育行政管理体制仍然存在着许多不适应的方面，中央与地方教育事权、财权的关系还没有理顺，学校作为办学主体的地位还没有落实到位，在一些地区和学校违背教育规律的现象时有发生，如何建立一整套行之有效的监督和制约机制尚需不断探索完善。

为了破解教育改革和发展的难题，我认为，**我们必须面对三个重大的现实问题：第一，如何在规模适度扩大的同时努力拓展优质教育资源，着力提高教育质量，尤其是人才培养质量；第二，如何在提高教育质量的长期过程中合理配置有限的优质教育资源，大力推进教育公平；第三，如何不断增强中国教育的国际话语权，提升中国教育的国际地位，积极推进教育国际化。**

显然，教育发展重心的调整必然导致我国教育发展方式的转变，即从以规模扩张和空间拓展为特征的外延式发展，转变到以提高质量和优化结构为核心的内涵式发展。随着经济社会的发展，我国教育发展面临的环境更加复杂，教育决策的复杂性在增大，改革举措实施和创新探索的难度在增加，教育改革已经步入了深水区。党的十八届三中全会通过的《关于全面深化改革若干重大问题的决定》把深化教育与综合改革、推进考试招生制度改革、推进管办评分离作为今后一个时期教育改革的战略重点，标志着新一轮教育改革的全面启动。

教育改革和发展的实践表明，任何教育观念的创新都不是无源之水、无本之木，是在对传统进行价值反思和对现实予以深度审视的基础上做出的适时调整和应对，是深化教育领域综合改革、平稳涉过教育改革深水区的重要先导。我们必须把握经济社会和教育发展的大趋势，遵循教育发展规律，树立先进的教育观和教育价值观、富有时代特色的人才观、多样化的质量观、现代的教学观和科学的发展观，努力形成教育改革的共识与合力，不断深化综合改革，坚持依法执教，努力提高教育质量。

一是要加强政策研究，健全协调机制。要建立教育行政绩效评估体系，在政府转变职能、探索宏观管理的路径和手段的过程当中打破不同管理部门之间的壁垒，克服部门本位倾向，加强联合调研和认证，不断提高政策制定水平，从制度和机制上保证教育发展的协调性和延续性。学校则应该在改革政策设计等方面加强统筹协调，扎实推进内涵建设和特色发展。

二是要加强教育研究，促进科学决策。教育发展的复杂性需要理论支撑和决策咨询，教育科研工作者要结合教育发展的实践诉求开展研究，将理论思辨、实证研究与量化分析相结合，不断提高科学指导实践的水平。

三是要加强综合改革，探索协同创新。政府要重视教育改革的系统研究和顶层设计，提高教改立项的系统性和项目管理的协调性，及时总结改革经验和成功案例，引导教育内部各个领域和各级各类学校之间加强系统规划与协同改革。学校应优化内部治理结构，加强各部门之间的协调，系统谋划管理体制改革、人才培养模式改革和教师队伍建设等方面的综合改革，不断提高人才培养质量和办学声誉。

四是要加强舆论引导，优化社会环境。加强先进教育理念和改革成效的宣传，尽可能凝聚社会共识，让社会各界真正理解教育改革的目标。客观宣传教育改革的艰巨性和复杂性，让公众对于教育发展有理性的认识，对教育改革有合理的期盼。政府有关部门和学校要提高教育信息的透明性，建立教育信息发布和质量年报制度，保障公众的知情权和社会监督权，营造教育综合改革的良好氛围，把握改革的主动权。

各位专家、各位来宾，我相信，在各级政府、社会、学校和家长的共同努力下，我国的教育事业发展一定会迈上一个新的台阶。中国教育学会愿与各级教育行政部门、各级各类学校和教育研究机构以及学术社团开展广泛的合作，我们共同努力，为全面深化教育改革、不断提高教育质量贡献力量。

（钟秉林系中国教育学会会长）

□ 瞿振元

全面深化教育改革

30年前的5月27日，中共中央正式发布《关于教育体制改革的决定》（以下简称《决定》），“从教育体制入手”，革除原有体制的弊端，加快发展教育事业，解决教育事业落后、不适应国家经济社会改革发展需要的突出问题与矛盾。历经30年的嬗变，我们不断地抓住机遇、不断地推进改革，在改革中求发展、在发展中求创新，实现了教育的历史性的大跨越。基础教育的发展极大地提高了全体国民的基本素质；职业教育持续快速发展，培养了大批技术技能型人才，极大地提高了劳动者素质；高等教育的历史性跨越，极大地提高了专门人才队伍的数量和素质。我国实现了从人口大国向人力资源大国的历史性转变，并且正在向人力资源强国迈进；人力资本素质得到了全面提升，为我国社会主义现代化建设和全面建成小康社会提供了强有力的人力和智力支撑。

站在全面深化改革的新的历史时点，回眸开启改革开放以来30余年的辉煌历程，深感中国教育改革所走过的道路是独特的、成功的，是符合中国国情的。这不仅被中国的教育实践所检验，同时，也越来越得到世界的承认。**纪念《决定》颁布30周年，最**

重要的就是坚定理论自信、道路自信和制度自信，以更大的勇气和更多的智慧，以时不我待的紧迫感和夙夜在公的责任意识，全面深化教育改革。30 年教育体制改革弥足珍贵的成功经验，要在新时期条件下得到坚持和发扬。

首先，教育体制改革要坚持价值守望。为什么要进行教育体制改革？教育体制改革的根本目的是什么？《决定》第一句话就是：“教育体制改革的根本目的是提高民族素质，多出人才，出好人才。”开宗名义、开门见山，直接破题阐明教育体制改革的价值追求。**改革，既涉及观念转变，也涉及利益格局的调整，因此，改革不可能一帆风顺；措施也不可能招招见效，允许试错归正。因此，改革进程中有喜悦，也会有阵痛；改革之路不可能一马平川。在改革的征途上，坚持价值守望很重要。**

一切教育改革举措是否正确，都要以是否有利于“提高民族素质，多出人才，出好人才”作为价值标准。目前在有的地方，教育改革深陷“坐而论道”“翻来覆去”和“为改革而改革”的境地，究其原因，大多与淡忘了对教育体制改革的价值追求有关。这不由得使人想起黎巴嫩诗人纪伯伦的那句诗：“我们已经走得太远，以至于忘记了为什么而出发。”今天回溯 30 年改革发展的历程，我们之所以能够用只占世界教育经费不足 3%的资金，解决了占世界学生总数 20%的人的上学问题，并且使质量不断提升，其中最为根本的就是我们始终如一地坚持教育体制改革的价值导向，始终把“提高民族素质，多出人才，出好人才”放在首位。在今天全面深化教育改革的新时期，我们更要铭记改革的初衷，坚持价值守望。

其次，教育改革要坚持体制机制改革与教育教学改革“双轮驱动，协调推进”。教育的改革十分复杂，为实现“提高民族素质，多出人才，出好人才”的根本目的，改革体制机制十分重要。**只有通过体制机制改革，才能调动各方面特别是广大教师的积极性，才能焕发办学活力。但只有通过教育教学活动，学生的成长成才才能实现，多出人才、出好人才的目的才能达成。**

《决定》明确指出：“必须从教育体制入手，有系统地进行改革。”同时强调“还要改革同社会主义现代化建设不相适应的教育思想、教育内容、教育方法。通过改革，使各级各类教育能够主动适应经济和社会发展的多方面需要”。这种强调体制机制与教育教学两方面都要“改”、两个轮子都要“动”，共同达成教育改革的价值追求的思想，十分重要。这种“双轮驱动，协调推进”的思想对今天的全面深化改革同样重要或者说更为重要。

因为，在现实中，一些高校确实在一定程度上存在忽视教育教学改革的倾向。今天，“让人民分享改革的红利”，这句话我们耳熟能详。对学生而言，能够有公平上大学的机会是分享改革的红利，在大学里能够接受高质量的教育教学更是分享改革的红利。大学生的期盼是能够听到好课程、遇到好老师，在良好的校园氛围中受到良好的教育。实现这一期盼，体制机制改革与教育教学改革不能偏颇，需要践行“双轮驱动，协调推进”的思想，全面深化教育改革。当前，尤其要使教育教学改革再升温，使教育教学质量再提升。

最后，站在30年教育改革发展巨大成就的基础上，面对“四个全面”战略布局以及全面深化教育改革的艰巨任务，我们应当系统思考：把一个什么样的教育带入全面小康社会？在世纪之交高等教育大改革、大发展的关键时期，我们曾经思考过“把一个什么样的高等教育带入21世纪”。正确的价值导向、鲜明的目标引领，使我们蹄疾而步稳，顺利实现了建设高等教育大国的目标。今天，我们已经明确了到2020年全面建成小康社会，也明确了到2020年基本实现教育现代化、基本建成学习型社会、进入人力资源强国行列；同时，我们还提出了建设高等教育强国的奋斗目标。**在中国经济社会进入“四个全面”战略布局的新时期，我们必须以更加丰富的新理念，全面、系统、深入地思考把一个什么样的教育带入全面小康社会，并结合“十三五”教育发展规划的研制，确立若干重要指标，使之成为看得见、摸得着、可操作的工作目标。**

毫无疑问，这样的教育是全面建设小康社会的重要组成部分，是与全面小康社会的经济、政治、文化、社会和生态文明建设以及党的建设相适应的教育；这样的教育应当能够不断地满足人民对“更好的教育”的期盼；这样的教育应当能够为实现“第二个一百年”的奋斗目标和中华民族的伟大复兴的“中国梦”奠定坚实的人力资源基础；这样的教育应当能够面向世界、参与人类命运共同体建设、为人类和平与发展贡献中国智慧和中国力量。

（瞿振元系中国高等教育学会会长）

谈松华

教育改革的历史轨迹：制度改革与制度创新

为什么选择这样一个题目呢？既然是纪念《中共中央关于教育体制改革的决定》（以下简称《决定》）颁布30周年，这30年走过的历史轨迹很有必要进行系统的梳理和反思。中国经济改革这样一条路径已经得到了世界上很多方面的公认，中国教育改革这条路径究竟应该怎么回顾和反思？同时，总结在30年的改革过程中间的进退得失原因所在，我想对于进一步深化综合改革是有启示作用的。

为什么要选制度这个视角？应该是从中国教育改革当中体制改革入手，《决定》的名称就叫“教育体制改革的决定”，所以体制改革是中国教育改革的一个突破口。中国教育的很多问题是和计划经济体制下的一种教育体制直接相关的，所以我想从制度视角来回顾和梳理30年来体制改革所走过的历程。

1985年的《决定》是中国教育体制改革的起点，如果从历史进程来看，包括1985年在内有四次是由中央高层做出的关于教育改革的重大决定，也召开了四次相关的全国教育工作会议。对于四次的历史进程来看，从制度变革、制度变迁的角度我是这样认识的：1985年的《决定》提出了要革除计划经济体制下的教育体制弊端，突出的是提出“包得过多、管得过死”这样一种弊端，也就是说当时还没有明确地提出要改革计划经济体制下的教育体制，进而建立一种新的体制。1993年《中国教育改革和发展纲要》明确地提出要建立和社会主义市场经济体制、科技体制、政治体制相适应的教育新体制，也就是说明确了体制转轨的目标——新的制度是什么。这个时候的教育改革应该说已经进入了制度变革的阶段。1999年《关于深化教育改革全面推进素质教育的决定》实际上是1993年《中国教育改革和发展纲要》的深化，这个深化到人才培养领域。而2010年《国家中长期教育改革和发展规划纲要（2010—2020年）》是总结了20多年教育改革的经验，提出了教育新的制度的高层设计，也就是说改革多年以后，我们在政府治理上明确提出了管办评分离，提出了学校要有更大的办学自主权。我们在现代学校制度建设上提出了学校内部治理结构当中学术权力和行政权力的关系，提出了去行政化；在发展民办教育上提出了要区分营利性和非营利性的民办教育；等等。这些是制度创新、新制度建设的一些内容，所以如果这样来回忆的话，这个历史轨迹大体上是从体制转轨到制度变革和制度创新这样的历史轨迹，也就是说**制度供给不足一直是我们教育体制改革的一个瓶颈，要真正突破旧体制必须在制度上进行创新，必须建立一种新的，而且是比较成熟的教育制度**，所以沿着这样一个思路来考虑问题。

下面，我想从三个方面稍微分析一下这个演变过程当中遇到了什么问题，这个制度变革和制度创新会遇到什么积极和消极的因素。

政府治理当中有很多问题，我只讲一个中央和地方的关系。1985年的《决定》当中明确提出基础教育实行“地方负责、分级管理”的体制，这个体制明确了基础教育的权力和责任是在地方，把中央和地方在基础教育上的权力和责任做了新的划分。当时的情况下，这应该是一个很大的改革，极大地推动了义务教育的普及。这个情况是和当时的农村状况以及财政体制基本适应，因为当时财政实行“财政包干、分灶吃饭”，因此地方财政占了整个财政收入的70%，中央财政只占了30%，地方财力在支持基础教育发展上有一定的实力。联产承包以后释放出来的这样一种红利使农民收入增长的幅度快于城市，因此农村教育在那一段时间的发展是得益于这样一个“地方负责、分级管理”的体制，但是到了90年代中期，1994年实行分税制以后，中央财政的财力分配发生了根本性的变化，中央财政占了60%以上，地方财政降低到了40%。90年代中期以后，联产承包释放的红利已经基本用完了，农民增产不增收、农业处在一个比较困难的情况，因此反映到这种“地方负责、分级管理”上，有的放到乡镇、有的放到村里，这样一种体制已经不适应教育的发展了，所以出现了农村教育的严重滑坡，如大面积地拖欠教师工资、优秀教师的大量流失、中小学生辍学率大幅度提高，在2000年前后是特别明显的。当时做的调整明确了一点，就是“地方负责、分级管理、以县为主”，明确权力主要在县，把乡镇和村的权力收到县，因为县的财力还强一点。但是这个体制仍然不能适应教育的发展，因此全国大概有二分之一的县实际上是赤字财政。县是不能完全承担农村教育责任的，所以“以县为主”很难完全解决农村教育的问题。因此接下来提出加强省级统筹，其实省级统筹仍然没有解决问题，所以又回到了一点，就是中央和地方集权与分权，这个体制必须和财权、事权相匹配，后来实行了义务教育中央和地方分担的机制，东部地区是二八，西部地区是八二，中部地区是六四。这样的财政体制和农村义务教育的发展经过了这样的演变，但是不是完全新的制度设计呢？我认为仍然没有完成，所以**一个新制度的建立仅仅提出一个方向是不够的，必须把体制的内容加以深化，符合各种条件的匹配。**

学校制度的改革方面，《决定》提出鼓励社会力量办学，因为在计划经济体制下我国的学校基本上清一色是公办学校，民办学校没有进入教育领域，允许社会力量办学，也就发展了民办教育。但这只是增量上面发展，公办学校的存量是非常大的，这么大的公办学校存量，而且优质教育又集中在公办学校，一段时间实行了重点学校制度，这样的话民办学校要和公办学校竞争是非常困难的。到了90年代后期，提出了公办学校改制的举措，但出现了什么问题呢？就出现了既享受公办学校的好处，又享受民办学校的好处，因此引起了社会的不满，后来就退回来了。这样一种改制学校要么就是全民，要么就是全国，实际上是不允许混合的。上海是做得比较好的，它的优质初中许多是民办学校，很多居民也愿意选择民办，所以择校问题就没有那么尖锐。全国其他地方原来公办学校改民办的基本上都退回了公办，这样的一种情况使得我们的教育走不出一个新的制度的设计和创新。去年的职业教育文件当中提出了鼓励混合制和股份制，所以说刚才迟（福林）教授也提出了这个问题，就是国务院提出社会资本进入服务领域，教育也是服务领域，教育如何通过制度设计能够使得社会资本真正进入教育领域？国际上用的是PPP的模式，就是公私合作的模式，能不能在中国得到落实？我们起草2010年教育规划纲要的时候又重提了这个问题，当时提出了要用多种形式合作办学，包括中外合作、公私合作、校企合作，各部门讨论当中没有得到认可，所以笼统地写着多种形式合作办学，没有明确提出PPP混合制的问题，这个制度的设计和创新还需要做新的探索。

还有就是考试招生制度，经过了20多年，这次的改革有很多亮点，亮点集中在给了学生更多的选择机会，使得学生和学校真正成为考试招生的主体。过去是政府在那里组织考试、组织招生，现在是学生和学校双向选择。但是制度的设计需要有很多的配套，这次的一个重要的亮点是学生的选考科目，也是学校和学生之间双向选择，学校对不同类的专业提出选考科目，学生要报考这个专业就要选考这几门。现在的试点是浙江省七门里面选三门，上海是六门里面选三门。这个制度带来的变化对于高中来讲可以说是前所未有的根本性的变化，为什么呢？根据现在的预测，如果按照浙江的七选三，理论上讲一个年级里面就有三十五种组合，三十五种组合的含义是要有三十五个教学班，这样的话原来高中的那一套教学模式肯定是要变化的。我们到建平中学调研，建平中学这样很好的学校要安排这样多种教学班的教学，也还有不少困难，那就是倒逼高中改革原来缺乏选择性的教育。但是要实施这种改革，高中教育制度必然要跟着改。

最后从这个过程来看，我觉得有这样四点启示：**第一，体制改革必然会触及制度的变革，而制度是有惯性的，这种惯性会成为一种阻力，同时，惯性在不同的阶段以不同的形式出现。**比如行政审批、行政拨款，从改革来讲减少了，但最近几年新设的各种项目、各种各样的专项实际上都在行政部门审批。旧制度的惯性会成为一种阻力，因此只有通过制度创新，有新的制度来取代才能够克服这样一种阻力。

第二，改革是一种利益的调整，各方利益群体都有诉求，既得利益者尤其是强势的既得利益者会左右这个改革。从教育上来讲，这种既得利益者，既有旧体制下的既得利益者，也有改革过程中间原先是改革者，现在有可能成为既得利益者，下一步改革当中也可能成为改革的阻力。因此，需要探索建立一种利益博弈的机制，克服既得利益者的阻力，使得新的体制、新的机制建立起来。

第三，改革是一个综合性的系统工程，教育牵涉的方面是很多的，现在很多问题只怪教育，其实教育的很多权力并不在教育部门本身。比如教育的计划权是在发改委，教育的财政权是在财政部，教育的人事权是在人事部，这些部门如果不能协调的话，教育改革任何一项举措都是不可能出台的，所以教育改革必须是多部门合作的这样一种综合性改革。

第四，改革会受到内部和外部、主观和客观多种因素的影响，即使是设计得好、思路很好的改革也可能会夭折。我们发现好多高考改革当中就有这样的情况，比如江苏的学业水平考试和高考录取挂钩，第一年实行这个办法的时候遭到了一部分学生家长的反对，后来就改了。实际上这个问题是实施策略的问题，并不是改革本身不对。比如广东原始分是用等级分向外公布，这是国际通行的，但是社会不理解："我考了一百分，你怎么公布我七十分呢？"这样就会引起很大的阻力。像这些问题不要因为改革遇到了阻力而往后退，这样的话改革是很难推进的。当改革遇到阻力的时候、出现问题的时候，应当冷静地去分析其中的原因，是改革本身设计错了还是改革的策略需要改进，或者是改革的条件需要创设，通过改进这些方面来推进改革。我们正在进入的是一个新制度不断建设和完善的过程，我想一个成熟的、完善的新教育制度建立起来之时，可以说也是教育改革目标达成之日。

（谈松华系国家教育咨询委员会委员）

□ 孙霄兵

教育体制改革的起点与道路

30年前那个具有历史意义的决定，是中国教育改革发展的一个良好的起点。在此起点的基础上，中国的教育改革发展经过了30年的历程。这个起点是一个光辉的起点，30年来我们走过的道路是一条伟大的道路，这条道路是中国特色的社会主义教育道路。今天纪念《中共中央关于教育体制改革的决定》(以下简称《决定》)颁布30周年，同时也是在纪念30年中所有为中国教育事业改革付出辛勤劳动的人的历程。

我还很清晰地记得，当时中共中央关于经济体制、科技体制、教育体制改革的决定，在我们的心里掀起了巨大的波澜。最开始听到经济体制改革决定的时候是在教育部早上播放的广播里面，当时我就感觉到一个改变历史的时刻来了。后来接连听到了关于教育体制改革的决定。这三个决定的意义都是非常重大的，也是中国在思想解放以后全面启动改革的重要的内容。教育也是系统改革的一个重要内容。回头来看，《决定》在很多方面做出了重要的开创性的工作。

第一，它标志着从过去轻视、忽视甚至贬低教育开始重视教育。《决定》里面提到有些领导同志宁可把钱花到别的地方，甚至浪费了也不愿意给教育多投一点，要求各级领导重视教育。这为此后的科教兴国战略、教育优先发展战略奠定了基础。今天的科教兴国、教育优先发展作为国家重要战略的组成部分，和这一决定是分不开的。

第二，《决定》最为鲜明地提出了要重视人才。人才的培养是《决定》里面最高、最重要的目的，而不是其他。这一思想一直贯穿在2010年中共中央、国务院颁布的《国家中长期教育改革和发展规划纲要（2010—2020年）》（以下简称《教育规划纲要》）中。改革首先是人才培养体制，这一红线贯穿始终。今天这一思想或多或少地受到来自各方面的干扰，但这是教育界不能动摇的思想。

第三，要改革教育管理体制，开放搞活、简政放权。《决定》提出，要“改革管理体制，在加强宏观管理的同时，坚决实行简政放权，扩大学校的办学自主权”。这一思想也一直贯彻教育体制改革全过程。本届政府以空前的力度推进简政放权、转变政府职能。教育部门贯彻落实中央要求，本届政府成立以来已经取消和下放14个教育行政审批项目。前不久召开的全国推进简政放权放管结合职能转变工作电视电话会议对下一步简政放权、放管结合、优化服务、深化行政体制改革、切实转变政府职能提出了新要求。

第四，要加大教育投入。1985年全国教育财政经费总投入是731亿元，到了2013年已经超过了2.2万亿元，增长了近30倍。三个增长的思想在《决定》中已经有所体现，但现在有一些同志希望在《教育法》中去掉三个增长的要求，这是不能同意的。

第五，要深化教育教学改革。《决定》要求改革教学内容、教学方法、教学制度，提高教学质量，要针对现存的弊端，积极进行教学改革的各种试验。后来国家推进素质教育，1999年中共中央、国务院颁布了《关于深化教育改革全面推进素质教育的决定》。这些重要的思想，在《决定》当中已经有所体现。

第六，要推进考试招生制度改革。《决定》要求改革大学招生的计划制度和毕业生分配制度。改变高等学校全部按国家计划统一招生，毕业生全部由国家包下来分配的办法，实行国家计划招生、用人单位委托招生、在国家计划外招收少数自费生等三种招生形式。不论哪类学生，都必须经过国家考试合格，学生和教师可以双向选择，不再具有干部的身份，而是在市场当中进行双向选择。现在所习以为常的招生制度，都是《决定》当中已经提出来的。

第七，要进行办学体制改革。国家发展了民办学校和中外合作办学，通过多种形式进行体制改革。

第八，进行教育结构调整。30 年前职业教育是不发展的，为经济社会服务的教育功能开展得是不充分的，到今天大力发展职业教育，教育的结构调整也取得了重大成果。

第九，要搞好教育立法。加强教育立法的提法，是最早在《决定》当中出现的。经过 30 年的努力，现在已经有八部专门的教育法律，今后还要不断推进教育法律的制定和修改，促使中国教育走上一条法治化的道路。

第十，要重视教师。《决定》单独列出了重视教师的内容。1993 年制定了《教师法》，教师的命运发生了翻天覆地的变化。现在高等学校的教师工资收入已经在国民经济 16 个行业中位居前列，中小学教师的收入已经不低于当地公务员的收入，尽管在不同的地区还有一些差别，但总体上达到了这一水平，而且国家也在不断地为这样一个目标努力。

总之，经过 30 年的奋斗，我国教育事业发生了翻天覆地的变化，普通高等学校数量增加了约一千所，学生数也有巨大的增加。高等学校的普通本专科学生在 1985 年的时候是 147 万人，到了 2014 年的时候是 2547. 7 万人，增加了 16 倍多；中等职业教育学生数在 1985 年是 314 万人，到了 2014 年是 1802 万人。可以看出我国教育事业发生了巨大的变化，促使中国的面貌发生了根本的变化。中国现在有世界第二的经济总量，在国际上以负责任大国的面貌出现，它的支撑基础是人才、是教育，所以今天纪念《决定》发表 30 周年，要更加深刻地理解一个国家的教育在民族的发展、崛起和复兴中的重要作用。中国梦首先是教育梦，希望今后沿着《决定》开辟的中国特色社会主义道路不断努力、不断前进。

互动环节

Q：请谈一下对人的理解？因为教育法主要是关于人的工作。

A：假设你是在教育学的意义上提出这个问题的。因为对人的理解各门学科都可以做出定义，既然今天是教育论坛，所以假设你是在教育学的意义上提出的这个问题。教育学意义上理解的人只是两种：一种是受教育者，另一种就是教育者，除此以外，在教育学家和实践家的眼里没有别人。孔子讲：“三人行必有我师焉”，只要有人群的地方就有师和生。**教育者和受教育者在人格上是平等的，在相互关系上互动的。他们共同的目标就是把教育变成人的教育，在教育中教学相长、师生共进，培养全面发展、更加完满、更加光辉的人。**

Q：中央颁布《决定》是为了促进教育发展，过去的国家教委在教育政策、法规和规章制度的制定上也起了很大的作用，促进了教育的发展，但我们认为取得的成绩是过去的，不能躺在成绩上面，应当进一步发现问题、分析原因并且解决。教育部政策规章制度的制定上面有些问题，一些好的制度没有得到有效的落实，80年代教育部就提出各个学校需要建好家长学校，但是从我了解的情况来看，多数学校没有做好，大多数甚至连形式上都没有。教育部规定班主任的工作量算是基本工作量的一半，这对于促进德育工作的发展有很重要的意义，但实际上据我的了解也是在很大程度上没有落实。教育部制定的一些政策也有缺陷，比如“减负”，对小学生不能太仁慈，这个说是要保护小学生不受心理的伤害，不公布学生分数，实际上这样的成绩都不能承受、不能正确面对，家长、社会和老师自己都不能正确面对，怎么承受今后更大的刺激？现在很多大学生接二连三地跳楼，非常令人痛心，这些跟我们不能实实在在地面对和切实解决有关系，本来应该是可以解决、可能解决的东西，现在还没有看到大的、启动的迹象。比如3月8日袁贵仁部长答问，山东的考生考上北大清华的难度要比北京的考生大二十多倍，部长的回答就是要扩大全国统一高考命题的范围，实际上在现实当中我们的同事和学生也认为这种回答是很不够的。按照各省份报考人数的等比例划分可以解决很多的问题，比如异地高考的问题、不让参加高考的问题，这些都附带可以解决，或者干脆就是全国统一高考，取消分数指标，然后对老少边弱地区给予特殊照顾，这样就可以很好地解决一些问题。对于这些该做的没有做到，孙司长认为该怎么办？

A：您提的这几个问题是跟教育有关，我不对这个事情评论太多，就做几点解释。**我们不仅要搞家长学校，目前已经和全国妇联共同启动了家庭教育法的课题，而且也设立了家长委员会，制定新的行政规章。**

班主任的任务很重，有的时候待遇和地位不够高，这是我们要注意的。还有就是“减负”的问题，这是整个教育界的一个共同的任务。不要在义务教育阶段当中公布学生分数。现在清华规定 A+不能超过百分之几，这也是一个改革的措施。最后，关于招生名额分配的问题，部里面出台了加大在农村地区招收学生的文件，今年是在 2 万名以上的基础上还要再增加。另外，山东人口和北京人口的基数是不一样的，山东是 9500 多万人，北京是 2100 多万人。这个方面需要今后不断努力。

Q：现在我们讲大道至简，教育改革的重心是简政放权，这个问题从教育部的角度考虑，放什么权简什么政？有没有一个逐渐放权和加强另一种管理方式的必要？大学到底要什么权，现在什么问题是你们的瓶颈。

A：我对这位提问人也有一个评论，今天的提问都是力图一枪打好几个麻雀。**简政放权有两个层面的问题，一个是总体设计，另一个是具体工作措施。我们觉得放权的同时还要分权，因此出台了管办评分离的意见，这个权即使在政府手上，不管在哪一级还要分给学校和社会评价机构**。从放权的角度来讲要放给学校，对学校放权以后不能放之不管，而是要让学校完善自己的内部治理结构。中组部和教育部一起发布了党委领导下的校长负责制实施意见，教育部颁布了《学校教职工代表大会规定》《高等学校章程制定暂行办法》《高等学校学术委员会规程》和《普通高等学校理事会规程（试行）》四部规章，促进学校完善内部治理结构。权力下放到学校以后，学校应有很好的制度把它用好。**政府不是放权就完了，还要放管结合、优化服务，建设法治型政府和服务型政府，做好信息公开和标准制定，推进依法治校示范校的建设**。总之，要采取很多措施使简政放权和分权的工作既有一个总体设计也有很多具体措施。

Q：现在全世界各个国家都在追逐世界一流大学，现在的世界大学排行榜也都是备受关注的，哈佛大学在世界多个排名机构当中都是稳居第一的，但恰恰在哈佛大学任教 30 多年的刘易斯出版的著作是《失去灵魂的卓越：哈佛是如何忘记教育宗旨的》，指出哈佛大学在争夺优质师资生源当中忘记了它的根本目的，遗失了它的办学方向。在你们的眼里，什么样的大学是世界一流大学？中国大学要做出什么努力才能做到卓越？中国大学要办成世界一流大学要发挥什么优势？

A：刚才讲到哈佛，前年我在哈佛待了将近半年，发现了一个问题。哈佛有一个很著名的图书馆号称 24 小时开放，我发现里面的很多书长时间没有人借，我由此判断哈佛的创新力也是有问题的。这么重要的书在哈佛一百年中没有几个人看。**不管是世界一流大学还是普通学校，在创新这个问题面前是没有第一名和第二名的，只要你有创新，有了创新的成果就是世界第一，在这个问题上大家是处在同一起跑线上。**

Q：《决定》颁布以来，我们等了 30 年。今天研讨全面深化教育改革办更好的教育，这 30 年来我们已经出现的问题必须解决。现在一边是大学狂呼去行政化，但为什么现在的大学越来越像衙门？厅级的、副部级的，这样的好像不是一两个大学。我们一边是用义务教育均衡发展的指标来考评相关行政区域的区县有多少学校达标，达标的区县越来越多，但现在面临的问题是，学生的择校费越来越高。我们高喊“减负”多少年了，但中小学生的书包越背越重，我们的《决定》是 1985 年颁布的，《义务教育法》是 1986 年颁布的，其中《义务教育法》第三十四条提到注重学生的独立思考能力、创新能力和实践能力的培养，第三十六条提到社会、家庭、学校相互配合促进学生的思想品德和良好习惯的形成。到今天 30 年过去了，学生的思想品德、行为习惯，还有我们的基础教育甚至高等教育是否真真正正把培养学生的独立思考能力、创新能力和实践能力都落到了实处？

A：我觉得社会上把大学行政化的问题炒得过热了，5 月 6 日教育部刚刚颁布了《关于深入推进教育管办评分离促进政府职能转变的若干意见》，提出了很多很重要的观点，但媒体炒的只有一点，就是去行政化，行政化中又炒的一点就是行政级别。这个问题不是说不能关注，但是过于关注行政级别了，这个不是去行政化的重点，也不是管办评分离的重点。至于怎么去行政化、大学的级别怎么看，要逐步解决，我们下来再谈。对于学生择校费过高，我觉得你可以举报，今年北京已经严格按照《义务教育法》的规定免试入学，现在我还没有发现一例义务教育择校的，有学习管理上的措施。如果是在其他地方，按照北京市的做法，应严格禁止义务教育阶段的学校择校。关于“减负”和培养创新人才的问题，要看到中国的文化和环境是望子成龙、望女成凤，几年期间要想改变全社会几千年的传统是不容易的，这个责任不能完全由教育行政部门或者学校担当。广大的中小学校长和教师做了很多培养创新人才、培养创新意识、提倡素质教育和个性发展方面的努力，成绩是主要的，剩下的一些问题需要我们不断地克服，所以今后需要我们不断地深化改革。

Q：论坛开场讲了很多关于终身教育的理念，包括联合国教科文组织的宣传理念。我国关于终身教育的条例好像还没有，但福建、上海、河北和宁波各个地方都有出现一些条例，为什么这方面的法律国家还没有制定出来。

A：按照《教育规划纲要》的要求，应制定终身教育方面的法律，现在还没有给出相应的法律的名字，在终身教育和终身学习的问题上面大家呼吁进行立法，福建省率先出台了《终身教育条例》，上海也制定了条例。国家立法工作还是碰到了一些困难。除了立法上排队的问题以外，一个比较主要的困难就是怎样建构一系列推进终身教育或者终身学习的体制机制？这个问题在理论和实践上没有解决。比如学生学分，一个地方的大学，其他学校认不认？一个成人的学校，全职学校认不认？很多学校还没有说认，这里有学分含金量的转换和评价的问题，现在教育部正在推进不同大学之间学分的互认，正在推进职业学校和普通教育之间的学分互认。不能仅仅为了学分互认，让一些不好好学习的人在一些学校轻易地拿到学分，这个问题在制度上没有解决。最近有关部门已经在推进这种学分互认的政策，这是很好的基础，但是还有很广泛的问题，如成人教育和普通教育之间、不同层次本科学校之间的互认。

（孙霄兵系教育部政策法规司司长）

□ 袁振国

办有选择的教育

改革开放以来，经过 30 多年人民群众和各级政府坚持不懈的艰苦努力，中国已经从一个人口大国发展成为一个人力资源大国，有学上的问题已经基本得到解决，上好学成为人民群众的新诉求，成为国家的新目标。《国家中长期教育改革和发展规划纲要（2010—2020 年）》提出："办好每一所学校，教好每一个学生，为每个学生提供适合的教育。"

什么是好教育？适合就是好。

怎么才能适合？提供有选择的教育。

提供有选择的教育是新的发展阶段的历史要求，是转变教育发展方式以提高质量为核心的哲学基础，是深化教育改革的时代使命。

有选择的教育，是人选择教育，而非教育选择人。现在社会发展越来越多样化，丰富多样的社会需要丰富多样的人，人的发展的丰富多样与社会发展的丰富多样性相辅相成。同时，人和人是不一样的，人的个性发展到什么程度，这个社会的多样性和人的多样性的匹配就能达到什么程度。我们讲德、智、体、美全面发展，这是教育目标的总的原则，要具体落实到每一个类别、每一所学校、每一节课、每一个环节的时候，光有这几个字是不够的。古语说，人心不同，各如其面；美国学者加德纳（Howard Gardner）关于人的智能结构的研究，揭示了人有9种相互独立的智能要素，每个人有自己的智能结构，它们没有好坏之分，只是类型的差异。但我们现在的教育总体上说是一个统一化的教育，统一的学制、统一的学科、统一的课程、统一的标准、统一的管理、统一的评价，甚至统一的教材和统一的教学方法。现在的教育基本上是教育选择人，谁不适合谁就被淘汰；而非人选择教育，人在教育中各得其所，各展所长。现在，到了破解这个难题的时候了。

古代的教育个人的选择性相对比较高，那个时候是个别化教育，当然，那个时候的教育是少数人的教育，绝大部分人是没有受教育权利的。个别化教育在人类历史上经过了两千多年，到了工业化以后继续不下去了。要提高教育的效率，要大规模地让更多的人受到教育。为适应工业化的要求，提高培养人的效率，班级授课制应运而生，标准化成为效率的伴生物。班级授课制从历史的范畴说是一个重大的组织形态的创新。但是班级授课制有一个致命的理论弱点，它假设相同年龄的人的发展水平、接受能力是相同的，所以可以用同样的速度教同样的内容，甚至还希望获得同样的成果。而这个假设是不成立的，相同年龄的人，其心理发展水平、家庭背景、成长经历、知识结构、兴趣爱好、发展志向是不一样的，要适应人的发展，就需要由人来选择教育，就需要有丰富多样的教育可以选择。

有得选择才有有选择的教育，好教育就是能提供有选择的教育。超市的创立是现代商业模式的一个重大发明，它被评为一百年来世界最伟大的创新之一。超市之所以被评为一项伟大的创新，不仅因为它是一种销售方法的变化，给人们带来了便利，更重要的是它改变了买卖关系，人的需要和尊严得到了很好的尊重。教育就更是如此了，有选择的教育不仅是为了更好地适应社会的发展要求，而且也是给学习者带来幸福感的根本途径。教育的根本功能在于促进人的发展，激发人的热情，点燃每个人心中的火焰，鼓舞人充满希望和信心地走向未来，而不是成为选拔和淘汰的工具。工业化统一学制以后有两种教学制度越来越得到认可，一种是学分制，另一种是选修制，其实这是一个问题的两个方面。为什么这两项在所有国家、所有教育体系里面都越来越受到推崇呢？其道理就在于，在有选择的空间里，我们才有更多的课程教学改革的要求和创新的可能性。教育改革、教学改革的一个重要任务就是提供更多选择的可能性。

有选择的教育必须通过深化改革、创造可选择的机会才能逐步实现。创造选择的机会是推动改革的重要动力，也是检验改革成败的重要标准。当我们在努力创造更多选择可能的时候，首先要建立正确的观念：第一，有个性无好坏。人无论是情感型还是智力型，无论是创新型还是接受型，等等，所有不同的人格都有其不可替代的价值，都是整个人类生态系统中平等的一分子，都应该受到同样的尊重，不应该厚此薄彼。第二，有类型无等级。教育有各种各样的类型，比如普通教育和职业教育，民办教育和公办教育，学历教育和职后培训，等等，不同类型的教育都是社会发展和人的发展的有机组成部分，功能不同，使命不同，但是没有高低贵贱之分。第三，有差异无差距。为了满足不同需求和多种选择，办学有特色，教学有风格，研究型大学和教学型大学，艺术性学校和技术性学校，综合性学校和专科性学校，等等，获得的关注和得到的支持不应该有差距，在政策的平台上应该获得同样的发展机会和展现差异的可能性。

办有选择的教育，必须实现教育评价的多元化。评价是风向标，评价是指挥棒，多一把尺子就多一批人才，多一种标准就多一批好学校。如果我们承认不同性格、不同特点的人具有不可替代的独特意义和生命价值，如果我们承认不同类型、不同层次、不同特色的学校都在对人才培养、社会需要做出自己的贡献，那么就不能简单地用定等级、排名次的办法来划分学校，并依据划分的结果进行资源配置，不断地扩大人为的差距，强化人的标准化；而应该根据不同类型、不同特点、不同使命制定多元评价标准，营造这样一种氛围：鼓励人人都努力做最好的自己！

（袁振国系华东师范大学教育学部主任、中国教育学会副会长）

迟福林

教育需要第二次改革

——“十三五”教育结构调整与改革的思考

1985 年《中共中央关于教育体制改革的决定》(以下简称《决定》)，对过去 30 年的教育改革发挥了重大作用，至今仍对深化教育改革有着指导意义。这不仅在于教育改革仍处在攻坚克难的关键阶段，而且“十三五”经济社会转型升级大趋势对深化教育改革提出新的要求。

2020 年是我国转型发展的一个坎：化解短期增长压力的希望在 2020 年；转变经济发展方式的关键在 2020 年；实现全面小康、迈向高收入国家的关节点在 2020 年。跨越这个“坎”，对转型改革提出多方面的需求。在这个特定背景下研讨谋划“十三五”教育结构调整与改革的新思路、新举措，需要“跳出教育看教育”。

一、“十三五”教育结构调整与改革面临着新形势

在《决定》出台的 1985 年，我国还处于生存型

阶段，属于低收入国家，全社会温饱问题尚未解决，经济社会体制还有比较浓的计划色彩。今天，我国已经进入到发展型新阶段，教育改革面临着与以往有着重大不同的新形势。总的看，“十三五”经济社会转型升级和全面深化改革，对教育第二次改革提出更高、更迫切的需求。

1. 工业转型升级大趋势对教育改革的现实需求

未来 5—10 年，新一轮科技革命与我国工业转型升级的历史性交汇成为客观趋势。把握好新一轮科技革命的重大机遇，迫切需要各类专业技术人才和创新型人才，为实现“中国制造 2025”的战略目标提供人力资本支撑。

制造业的转型升级直接依赖于劳动者的受教育程度。2012 年我国制造业劳动生产率仅相当于美国的 4.38%、日本的 4.37% 和德国的 5.56%。根据第六次全国人口普查数据，我国制造业从业人员平均受教育年限为 9.8 年，比 2006 年美国制造业从业人员 13.0 年的人均受教育年限少了 3 年多；我国制造业从业人员主要以初高中毕业生为主，具有大专及以上文化程度的仅有 9.8%，相比之下美国达到 32.0%。要从“中国制造”走向“中国智造”，需要把加大教育结构调整力度、加快提升教育质量和创新，作为教育第二次改革的重要目标。

2. 城镇化转型升级大趋势对教育改革的现实需求

“十三五”正处在从规模城镇化向人口城镇化转型升级的历史节点。从国际经验看，教育与人口城镇化水平高度关联，其相关系数在 0.7 左右。教育水平的提高是农村人口走进城市、加快城市化进程的一个先决条件。有研究表明，农村居民教育水平每提高 10%，能多引导 6%—7%的农民迁出农村进入城镇从事非农产业。未来几年，我国城镇化率每增加一个百分点，就将涉及一千多万的人口流动，其中六分之一左右是教育适龄人口的青少年儿童。目前，我国义务教育适龄儿童有五分之一是处于流动和被流动状态。保障进城务工人员子女——包括随迁学龄儿童和留守儿童，在“有学上”之后要“上好学”，迫切需要把优化义务教育的区域和空间布局作为第二次教育改革的重要任务。

3. 消费结构升级大趋势对教育改革的现实需求

我国正在经历一场消费结构升级的“大革命”，集中反映在服务消费需求的全面快速增长上。预计我国社会消费品零售总额将从 2014 年的 26.2 万亿元提高到 2020 年的 45 万亿—50 万亿元。其中，服务型消费增长更快。2005—2010 年，我国城镇居民人均服务型消费支出从 3116 元提高到了 5260 元，年均增长 11.04%，服务型消费支出在总消费支出中的比重均保持在 40%左右的高位，其中相当比例是教育培训、医疗健康等发展型服务消费支出。估计到 2020 年，服务型消费能接近或超过 50%。当前的主要问题是，服务供给与全社会消费结构升级的大趋势严重不相适应，“有需求而缺供给”的矛盾不断凸显。以健康教育为例，按麦肯锡的估计，2020 年我国健康服务业市场的总规模有可能高达 8 万亿元左右。目前的实际情况是，健康管理的职业教育滞后，健康服务人员严重短缺，仅亚健康管理师、儿童健康管理师等人才的缺口就接近 2000 万人。由此可见，消费结构升级大趋势对第二次教育改革提出新的现实需求。

4. 服务业主导大趋势对教育改革的现实需求

“十三五”形成服务业主导的经济结构，牵动和影响我国经济转型升级的全局。2014 年，我国第三产业增加值占 GDP 比重达到 48.2%，2015 年第一季度首次突破 50%，达到 51.7%。估计到 2020 年服务业增加值占比有望达到 55%以上。问题在于，以研发为重点的生产性服务业占 GDP 的比重太低，只有 15%，与发达国家 50%的平均水平有较大差距。“十三五”努力把生产性服务业占 GDP 比重从 15%提高到 30%—40%，对我国经济转型升级将产生决定性影响。有学者研究提出，如果劳动者从第二产业的劳动密集型就业转向第二产业的资本密集型产业，需要把受教育水平提高 1.3 年；转向第三产业技术密集型就业，需要把受教育水平提高 4.2 年。即使仅转向第三产业的劳动密集型产业，也需要把受教育水平提高 0.5 年。也就是说，加快教育事业发展、提高劳动者的受教育程度是第二次教育改革的重大任务。

5. 对外开放大趋势对教育改革的现实需求

我国已成为全球货物贸易第一大国和服务贸易第三大国，但服务贸易占贸易总量的比重偏低，2014 年仅为 12.3%，与全球 20%的平均水平，甚至与同为金砖国家的巴西（25%）相比，仍有较大差距。从服务贸易大国走向服务贸易强国，到 2020 年实现服务业贸易占比提高到 20%左右的目标，迫切需要大量国际型服务贸易人才。尤其是在“一带一路”战略实施进程中，如何培养更多具有国际视野、拥有国际化运营管理人才，成为第二次教育改革的一大新课题。

二、“十三五”深化教育改革面临着的突出矛盾

教育是全社会最关注的话题，也是广受诟病的领域之一。无论是学生、家长、广大教师还是教育主管部门，对教育改革都有很大期望与诉求。总的来看，教育做大总量的特点比较突出，与经济转型和社会发展不相适应的矛盾比较突出。这就需要尽快全面超越以做大总量为特征的教育发展模式，加快推进以优化结构、提升质量为基本目标的第二次教育改革。

1. 全面调整教育结构

从现实看，教育与经济社会发展还有明显差距。第一，虽然我国15岁及以上人口平均受教育年限达到9.5年，但与美国的13.3年、日本的11.6年、德国的12.2年、俄罗斯的11.7年的水平相比仍有较大差距。第二，自2010年以来，我国就业市场总体求人倍率一直在1左右，2015年第一季度为1.12，表明劳动力供不应求；但每年700多万大学生的就业难问题却牵动各方。这在一定程度反映了教育供给结构与经济发展的不适应性。第三，技术技能型职业人才的需求全面增长但短缺严重。例如，制造业高级技工缺口每年高达400余万人。有企业家形容，“找100个大学生不难，找100个高级钳工却是难上加难”。这说明，经济结构的变化要求教育结构要做出相应的调整。

2. 创新是深化教育改革的出发点

质量不高、创新不足是教育发展面临着的突出矛盾。尽管我国教育总量不断扩张，但创新成果较少，创新不足的矛盾比较突出。例如，2011年美国信息服务业的整体劳动生产率是我国的4.1倍。其结果是，我国关键技术自给率低，对外技术依存度在50%以上，而发达国家对外技术依存度平均在30%以下，美国和日本只有5%左右。面对全球新一轮科技改革，面对我国经济社会转型升级大趋势，特别是面对互联网+的时代，最重要的是培养有创新思维、批判思维、创新能力的人才。这就需要着力打破以应试为导向的教育模式，创新教育方式，激发学生的好奇心和想象力，形成以创新为导向的教育新格局。

3. 加大教育市场的开放力度

从现实看，我国教育市场的开放程度与教育发展不相适应。过去36年的市场化改革，我国放开的主要是工业领域，80%以上制造业高度市场化。而包括教育在内的服务业领域，社会资本和外来资本进入还面临着比较多的政策制约和烦琐的行政审批。例如，谁都知道职业教育是我国的教育短板，但发起设立一个职业教育学院，面临着行政许可、土地、资金、人事制度等一道道难关。为此，优化民办教育发展环境，鼓励社会力量兴办教育，形成民办教育与公办教育平等竞争、共同发展的新格局，成为第二次教育改革的重大任务。

4. 深化教育体制改革需要攻坚克难

目前的教育管理中，行政主导的特点仍然相当突出。各级学校在很大程度上还是教育行政主管部门的下属机构，落实学校办学自主权、实现专家治校，还有很长的路要走。在高等教育资源配置上，行政主导的资源配置更多地向普通高等教育倾斜，对高等职业教育投入不足。这就需要加快推进教育权力结构调整，扩大学校办学的自主权，进一步明确中央地方教育职能分工，改革公共教育机构，形成与提高教育质量、加快经济转型升级相适应的教育体制。

5. 转变教育发展理念

当前，教育领域的一些问题与教育理念的滞后直接相关。尽管强调素质教育多年，但实际上应试教育仍然占主流位置，考试成绩仍然是评价教师、评价学生的硬指标。开家长会，说的主要事情就是学生成绩，师生都成为成绩的“奴隶”。这不仅使学生苦不堪言，也加大了教师的负担。这种教育理念忽视文化传承，忽视学生的人文熏陶。为此，要把转变教育理念、解放思想作为第二次教育改革的关键，不仅要转变学校、教师以“分数”为指挥棒、以“灌输知识”为主要职能的教育理念，而且也要引导社会转变教育理念，为深化教育改革创造良好的社会大环境。

三、“十三五”加快推进第二次教育改革的重大任务

“十三五”是教育改革的关键时期。从现实突出矛盾看，教育结

构、教育市场和教育体制三个方面的改革是“十三五”教育第二次改革的重大任务。

1. 加快教育结构的战略性调整

（1）把发展职业教育作为一个大战略。“十三五”应当把发展现代职业教育放到更加突出的位置，推进产教深度融合、校企深度合作，形成政府、企业、社会资本共同推动现代职业教育发展的合力。

（2）加快普及学前、义务教育与高中阶段教育。各方面高度关注，“十三五”能否将幼儿教育纳入义务教育？能否普及高中教育？建议“十三五”把幼儿教育纳入义务教育，加快普及12年制基础教育，允许支持有条件的地方实行12年义务教育。

（3）调整高等教育结构。推进高等教育体系多元化，尽快把高等学校分成综合型大学、研究型大学、应用技术型大学，确立不同类型高等学校的发展定位、人才培养目标和培养模式。要以提高应用技术型高校占比为重点调整高等教育结构，“十三五”加快推动一批高校转型为应用技术型高校，选择一批高等职业学校升级为应用技术型高校，不断提高技术应用型高校在校生的占比。

2. 加快教育市场开放

（1）在坚持政府保基本的同时，推进教育市场全面开放。当前推进教育市场开放，是在各级政府继续加大教育投入、保障教育公平的基础上，充分利用社会资本和外来资本发展教育的重大举措。北京已经出台了包括教育在内的服务业扩大开放综合试点总体方案，建议尽快出台教育市场全面开放的总体方案。

（2）在有条件的地区设立义务教育阶段、高中教育和职业教育的国际合作改革试验区。积极引进世界知名院校开展中外合作办学，允许并支持国外和我国港澳台地区知名大学、职业教育机构以控股方式在中国大陆设立合资分校，在特定地区设立独资分校；鼓励外商投资设立外籍人员子女学校，支持外商通过中外合作办学方式投资设立教育培训机构及项目，优化配置内外教育资源，实现优势互补、良性互动。

（3）降低社会资本办职业教育的准入门槛。实施民办学校非营利性和营利性的分类管理；放宽办学市场准入；探索职业教育领域、高等教育领域的“混合所有制”；建立健全民办学校退出机制；鼓励上市公司和科技企业投资兴办技术技能型大学；进一步完善民办学校法人治理结构；加大社会力量举办教育的政策扶持力度，对民办教育和公办教育一视同仁。

3. 实现教育体制改革的实质性突破

（1）明确政府在教育管理中的职能。改变政府“包打天下”的教育发展格局，明确政府保障基本教育服务供给的责任；强化教育行政部门在教育决策中的主导地位及其教育政策制定和教育监督职能，减少和消除教育行政部门对各类学校的微观干预。

（2）以“公益性、专业性和独立性”为导向改革公共教育机构，形成专业、高效的教育执行系统。坚持教育的公益性和普惠性，加快教育基本公共服务均等化；加快推进学校去行政化，取消学校行政级别，建立专业导向的学校治理结构，推进专家治校；进一步推进简政放权，扩大学校的办学自主权，重点是全面扩大学校在招生、专业设置、教师评聘等方面的自主权。

（3）明确中央地方教育职责分工，扩大地方教育自主权。进一步明确各级政府在建设教育基本公共服务体系中的责任，细化中央到地方每一级政府的职责分工。鼓励地方在教育改革上积极探索、先行先试。

（迟福林系中国（海南）改革发展研究院院长）

□ 叶　澜

我们如何纪念《决定》颁布30周年

为什么30年后要纪念《中共中央关于教育体制改革的决定》（以下简称《决定》）？这不难回答：第一，我国的教育改革，不论是高等教育还是基础教育，推进路线基本上是自上而下。中央的这个《决定》在整个改革推进中起着重要作用，更何况这是改革开放以来中共中央发出的关于教育改革的第一个《决定》。第二，过了30年，又到了需要很好考虑怎样继续往前走的问题之时。这时候我们需要回到30年前，看看《决定》说了什么？为什么说这些？做了什么？**今天我们该怎样继续把改革推向前进？这是一个反思、认识、寻找前进方向和出发点的关键时期。**

我自己是从事教育学研究的。《决定》我大概前后读了三次。第一次读是在《决定》颁布的时候，当时我有三点深刻感受：第一，中国的教育发展要改变原来只是为政治服务的单一价值取向，提出要关注社会的经济技术发展。也就是说，原来强调教育要为无产阶级革命服务，现在明确提出要为社会主义经济发展、为现代化发展服务，这是一个重要的转向。第二，基础教育要加强，明确提出普及九年义务教育的任务。第三，教育经费的筹措将改变过去完全由国家承担的方式，也就是说在教育经费的来源上要开放。当时感受到要有一场大的变化。30年中，感受到的真正大变是1992年邓小平南方谈话发表以后，市场经济浪潮汹涌而来，对教育产生了巨大冲击，其中基础教育变化最剧烈，现在的一些初中民办名校都是那时候的产物。这一阶段既有让你新奇的地方，也有让你看不明白的地方。这是我第一次读《决定》和随后的一些感受。

第二次重读《决定》是在2005年。1994年我开始做“新基础教育”研究，经过12年左右的学校改革研究，2005年我开始写《“新基础教育”论——关于当代中国学校变革的探究与认识》。书中，要对从1985年一直到2005年基础教育改革，我们到底走了几步路，中央发了哪些文件，每一个文件它强调的是什么，不同文件有什么共同点、有什么差异等重要问题做出理论回答，于是我重新从1985年《决定》读起，包括素质教育和课程改革等重要文件。当时我的研究重点是对改革本身进行理论反思。反思主要集中在四个方面：一是社会变革与教育变革的关系，尤其是经济变革与教育变革的关系。我指出我们的教育变革基本上是按照经济变革的方式推理出来的，缺乏对教育本身特殊性的研究。二是教育变革中数量发展和质量的关系。我认为前一阶段20年来的重点在数量发展上，对质量的问题缺乏深度思考。三是国际教育思潮和中国教育变革的关系。发现当时主要是根据国际变革状况来思考中国变革，就连变革的思想都是从国外的变革著作中引用过来的。四是教育理论与教育实践的关系。我是从事教育基本理论研究的，所以对这个问题特别敏感。我感到我们的变革总体上还缺乏变革理论的研究，许多变革思想和建议的提出，其理论假设比较粗糙，比较多的是用演绎的方式得出教育变革的依据。我们的教育改革应该在反思这些问题的基础上，向更成熟、更好、更高质量的阶段发展。这是我第二次读《决定》，包括读一系列的中央文件以后得出来的一些想法，这些想法我用一编三章100多页的篇幅，都写在《“新基础教育”论》里了。

接到要我发言的通知以后，我第三次读《决定》。30年过去了，《决定》里讲的这些话，我们做到了哪些，变了哪些？还有哪些没有做到、没有变？

30年前的《决定》是在教育的人、财、物和设施各方面都匮乏的基础上提出的。30 年后，匮乏的面貌已基本改变，随之而来的是产生了新的问题，如经费问题，现在是到底这些钱该怎么用才更有利于中国教育的发展。这可称为第一个巨大变化。第二个变化，普及义务教育的任务我们基本上完成了，现在的重点是追求均衡发展和质量的提升，基础教育发展的重心往上移，高中阶段的教育改革问题引起了政府更加多的关注和重视。这些是我们已经做到的。

第二个，**我认为没有做好，但非常重要、必须做到的，就是两个“自主权”的落实。第一个是学校办学的自主权，这个在《决定》里已经提出来了，很遗憾，30 年来，高校办学自主权没有很好落实，基础教育学校的办学自主权同样也没有很好落实。第二个是教师的教学自主权，教育专业领域的自主权。**30 年了，两个非常重要的自主权，没有很好得到落实，还存在比较多的问题。还有一个问题，在思考中国教育发展的问题上，历来有一个比较强烈的社会维度，那就是国家需要人才。我们曾经提出我国是人力资源大国，现在的口号是要实现从人力资源大国向人才资源强国转变。这没错，但我觉得缺一个维度，那就是对教育领域中受教育者和教育者这个最大量的一支队伍和一批代表着中国未来的每一个个体的发展的关注。每个个体的发展在教育中占怎样的地位、有多少地位，这个问题还缺乏思考。在 30 年中，这方面的思考在逐渐加强，但是两个价值取向应该受到同样关注，而且在不同层面上应有不同的体现。这是我重读《决定》，觉得做到的和没有做到的方面。

此外还必须指出的是：在 30 年改革本身带来进步发展的同时，又出现了许多新的问题，这些新的问题在我看来集中在两个方面。

第一，价值观问题。这跟整个社会改革开放、市场经济发展过程中出现价值观的偏差联系在一起，其中最集中的就是名和利的畸形追求对教育领域的侵蚀，使得教育在变革中怪象丛生。我们今天面临的不仅是没有完成的任务，需要解决的突出任务还有如何消灭这些怪象，让教育回归其本质。这些怪象有三种表现：一是争名夺利，喧嚣常态化。现在，教育不再宁静，背离了自己的本真。二是急功近利，行为短期化。现在，大家忙着成功；成功远远比教育的本身——成长更重要；忘记了成长是一个有阶段差异、需要长期积淀的过程。三是最让人心痛的盗名窃利，手段卑劣化。这些不需要我再展开，大家都知道。这些问题，我认为已经到了不能再熟视无睹的时候了。面对这些问题，我们应该做什么？不能只是提道德口号。

第二，现在教育改革已进入到多元、多层推进的状态，有突破、有创造，但也有失序、有偏激。许多观点以对立的方式出现，而且观念与行为不一致。30年后的今天，应该根据新形势、新问题，对已经走过的改革深化研究，做出阶段性的整体反思，构建出教育改革发展的新秩序。现在，要解决的困难可能不比30年前的任务容易。**所以某种意义上，我呼吁要出台第二个《决定》。教育改革需要认清方向，需要直面现实问题，需要有新的教育秩序。教育需要返璞归真。**

当然，在今天的会上，我们不可能对教育如何改革做全面的梳理和讨论，因为非常复杂。我想说，我们需要用新的思维方式，来认识如此复杂、艰难而且存在多样变数的教育改革。在此，我特别强调对以下几个方面关系的再认识。

第一，教育与社会的关系。在教育与社会的关系中，我们历来强调的是教育要为社会服务，但是我们忽视了一点，就是社会要承担起它应该承担的教育责任。这样一个问题今天已经成了教育改革深化必须面对的关键问题。我不知道最近大家有没有看电视剧《虎妈猫爸》。**这个电视剧反映出社会对教育的一种畸形的焦虑和各种教育思想之间的冲突，已经不再是学校领域的事情了，已经弥漫到社会各个方面。现在，没有社会整体对自身教育责任的认识和多种教育力量合力的形成，基础教育改革再要朝前走会有很大的难度。**

第二，普遍和特殊的关系。首先，我们经常会简单地把社会改革的思路用演绎的方式推到教育改革领域，这在前面已经提到。另外，整个教育系统改革分为宏观、中观和微观改革，问题出在宏观的改革常常简单规定中观、微观的改革。宏观的顶层设计往往忽视中观、微观的特殊性问题。但系统论告诉我们，系统内层次不一样，主体不一样，变革需求不一样，变革任务不一样，故必须考虑特殊性。**我们对特殊性的关注太少，普遍号召太多，所以常常一个《决定》出来，好久好久都不能得到实现，这是对特殊性缺乏研究的结果。**

第三，要素和整体的关系。这也是一个非常重要的层次间关系。我常在思考，为什么学校办学的自主权得不到落实？在我看来，很重要的一个原因就是：**已有的变革常常把要素变革放在最前位，而对整体变革缺乏思考。**为什么会这样呢？也许是因为要素变革，比如说课程改革，可以由中央直接控制。以学校为本的教育改革呢？没有办法控制，因为学校是一个动态复杂的综合整体。所以，今天的教育改革深化必须降低重心，要从要素的变革走向综合的整体变革。特别是基础教育，要走向以学校为本、为整体的改革，在学校整体的意义上实现协调发展，每一所学校担当起自己对教育的责任、独特追求与创造。

第四，对立和统一的关系。深入到学校改革内部，包括教与学的关系问题，以前强调教师主导，现在“以学生为中心”成为最响亮的口号，这是把目标与过程中的教与学的关系性质搞混了。**我们当然应把学生发展作为教育目标，但教育过程是一个教与学交互作用的过程，哪一方都不能缺，缺了任何一方都不成为教育。要改变谁为中心、两极对立的思维方式，考虑交互作用的转化过程。**

第五，静止研究教育改革和动态研究教育改革的关系。《决定》颁布了30年才开展一次研讨不够，我认为将来的《决定》出来以后，每年都要有《决定》执行情况的反馈，公开信息，然后大家来讨论，形成更多、更好发展的建议。“实践是检验真理的唯一标准”，不管是中央的《决定》还是教育部的《决定》，都应该通过实践来检验。

无疑，**教育改革在整体上取得的成绩是不容否定的，但是只讲成绩、不直面问题的人，都不是真正把教育改革放在心上的人。**我认为，要研究教育改革继续发展面临的问题；同时，当代中国教育改革特别要注意“度”的问题，“过犹不及”，这是我们老祖宗的经验，不可忘。

（叶澜系华东师范大学终身教授）

□ 张　杰

大学治理的核心

——以人为本的制度激励

一、上海交通大学的发展方位与改革

（一）改革与创新是上海交通大学与生俱来的特质

上海交通大学是国家历史最悠久的两所大学之一，成立于甲午战败的第二年，“自强首在储才，储才必先兴学”，盛公宣怀将国家、民族的命运和交大紧紧联系在了一起。从那一时刻开始，交通大学注定是一所具有革新精神和责任担当的大学。20世纪前30年，文治老校长以培养“第一等人才”之理念，首创工科，初开管科，率先开设工程管理学科，成就“东方MIT”之美誉。1978年，改革的春风吹遍了祖国的大江南北，交通大学又走在了高等教育改革的前列，率先做出改革，首派教授代表团访美，首受海外巨额捐赠，率先探索高校“管理体制”改革，保证了交通大学持续发展的活力与激情。20世纪八九十年代，首建新校区，为探索国际一流的办学创造了条件；与欧盟共创中欧国际工商管理学院，成就了今日亚洲第一商学院。1996年，值百年校庆之际，交通大学率先在国内提出建设世界一流大学的目标，这也是自那时起全体交大人的梦想。进入21世纪以来，上海交通大学联合美国名校密西根大学创立交大密西根学院，历经九年创业，交大密西根学院已经成为国际合作办学的典范。与此同时，致远学院、巴黎高科学院、文创学院成立后均取得了令人瞩目的成绩。

从交通大学成立到现在，改革在交通大学的发展过程当中一直起着至关重要的作用。交通大学因图强而生，因改革而兴，因人才而盛。

（二）改革与试点：充分激发创新活力

2006年我们认真地回顾了交通大学过去的发展历程，同时展望了2020年交通大学建设世界一流的道路。SWOT分析帮我们对过去和对未来进行了详细的分析，明确了交通大学未来发展道路中的优势和劣势。上海交通大学拥有优良的文化传统，办学条件一流的闵行校区也于2006年建成，这些都是我们的优势。在当时，我们看到了很多的发展机遇，也看到了2006年交通大学的劣势，要想建设一流的大学，我们的师资水平有很大的差距，人才培养也有非常大的短板，学校的创新活力还没有充分被激发。我们同样对未来发展的挑战进行了分析，根据这个SWOT分析，我们启动了一系列的综合深化改革。我们的结论是，**把所有的劣势转为优势的关键是抓住内部和外部的机遇，快速提升师资水平，以制度激励的方式完成大学治理，其中最为重要的一个是师资水平，另一个是人才培养。**

1. 人事制度改革：建设一流的师资队伍

师资水平决定了一所大学的高度。围绕建设一流的师资队伍，2006年我们启动了全员合同聘用制，所有的教师变成合同聘用制还是一个很大的挑战，这也是后来交通大学竞争能力增强的一个根本举措。2007年我们启动了人才监察体系，并开始对聘雇体系进行改革，当我们从海外引进的人才达到了一定体量的时候，我们开始对现有的师资队伍进行分类发展改革。2012年我们对新师资和老师资的双轨制开始进行设计和融合，2014年我们构建了学术荣誉体系Tenure制，2015年我们进行双轨并轨，包括新师资和老师资的薪酬体系，预期 2018 年最终完成并轨。

师资人事制度改革分为三个阶段：首先是引育并举，然后是对现有教师的分类发展改革以及并轨运行。

2. 人才培养模式改革：培养一流的学生

人才培养永远是大学最重要的一个使命，我们也启动了一系列的改革。2006 年，为了更好地提高人才培养质量，我们和国际知名大学密西根大学共建了密西根学院，2012 年我们和法国巴黎高科共同建设联合学院，培养出了一批具有国际化视野的人才。2008 年交通大学启动了教育教学理念的大讨论，那次大讨论当中有八百位老师参与，最后大家达成了一个共识，就是**知识传授型的教育模式没有办法满足未来交通大学对人才培养的需要，所以我们提出了三位一体的育人理念，就是知识探究、能力建设、人格养成。一个是以教师为主的俯视，另一个是以学习为中心的平视。**2008 年开始启动了基础学科拔尖人才计划的试点，即成立了致远学院，去年获得了国家教育成果的一等奖。2009 年我们启动了卓越人才的培养计划，在卓越工程师、医师、法学、农林几个方向率先做出尝试。2010 年我们启动了研究生培养模式的改革，2011 年我们的改革得到了国家的认可。2014 年我们将基础学科拔尖人才培养计划向全校开放，启动了致远荣誉计划，发掘和培养最具有创新精神的人才。

人才培养的发展分类可以分为四个阶段：首先是借鉴国外一流大学的办学经验，然后形成自己的理念、试点自己的理念、推广自己的理念。

3. 科研体制改革：打造一流的创新平台

科研体制改革方面，我们希望打造一个一流的、创新的平台。中国的大学在现阶段最重要的使命是要成为社会发展的创新引擎，一流的创新平台十分重要。2006 年的时候最主要的挑战是科学研究有一些异化，科学研究就是为了发表论文，发表论文还给予现金奖励，这会影响很多学生未来科研的价值观，所以 2006 年我们取消了发表论文的现金奖励。2007 年我们开始对课题研究进行中长期的国际评估，每年的年度考核在 2007 年取消，开始进入六年一个周期的国际评估。这两个措施加在一起，彻底改变了交通大学的科研价值导向。2008 年开始我们意识到了我们的学科建设出了问题，以前来一个科研大牛就建一个学科，后来发现学科建设到了该做减法的时候了，做减法比做加法难得多，我们从原来的六十多个学科减到了五十几个学科。2008 年还对科学研究的本质进行了强化，通过学校设立一个专门的基金强调问题导向的研究。2009 年到 2014 年组建了专职科研队伍，目前正在推进的是科研的深度国际合作和学科的自主调整。

4. 内部治理改革：形成一流的文化

一流的大学需要一流的文化建设。我们认为大学要想成为社会发展的“发动机”，最重要的是在思想文化方面的创新，思想文化创新的作用最根本的是自己要有一个一流的文化。2005 年开始我们和第二军医大学合作探索综合性大学下的医学院发展新模式，2007 年开始启动了大学规范化管理，2009 年我们开始启动目标管理，2012 年开始启动绩效管理，2007 年我们也启动了交大 2020 年的战略规划，这个战略规划是凝聚大家共识、把交通大学的发展规划变成每个人的发展愿景的过程。2008 年我们加强了学术委员会的职能，2013 年我们启动了对校务机关的调整和改革，希望在大学里面逐渐变成一个扁平化的管理机构。2014 年我们开始对一些院系进行综合预算管理，经费直接下发到院系，机关部处服务的对象自动就会和院系紧密地绑在一起，目前我们正在推进的是可持续的财务保障机制和资产调配机制。

5. 制度激励：构筑卓越的四大创新体系

交通大学的发展目标是要成为国家的创新体系的“发动机”，所以交通大学主要是要构筑四大卓越的创新体系，分别是卓越的创新人才培养体系、卓越的科学技术创新体系、卓越的文化传承创新体系以及卓越的社会服务支撑体系。一个大学是不是一流关键在于这四个体系是不是卓越。**学校发展的最根本是制度激励。推进制度激励最关键的目的是希望学校的发展逐渐地从一个外部资源的驱动变成一种内生动力的驱动，**交通大学在过去九年的时间最重要的改革主要是集中在发展模式、管理方式和激励机制方面的改革。发展模式方面我们希望把交通大学从原来行政主导的发展变成学术主导的发展，管理模式方面我们希望从原来的校办院变成院办校，激励机制方面从原来的学校要发展变成每个人去追求自己的梦想的发展。

二、上海交通大学近年来改革的初步成效

(一) 学科建设

在过去的十年时间里各项学科有了长足的发展，在全世界的竞争力也越来越强。工科从2007年的一百位左右已经上升到了前三十强，理科从原来的全球三百位左右进入到了一百五十强，生命医学进入了二百强，特别让我们感到振奋的是交大的文科也发展起来了，之前排在全球七百位以后，现在已经是全球三百强，所以今天的交通大学已经成为有一定国际影响的综合性大学。

特别值得高兴的是，今年的4月29日QS发布了世界大学学科的排名，中国大学现在开始有了一系列可以进入世界前五十强的学科。这是我们国家高等教育界的一件大事，1985年来中国的教育改革取得了令人瞩目的成绩，其中交通大学也已经有七个学科进入到了世界五十强。

(二) 师资队伍

在过去的八年时间里有关师资的各项指标有了质的飞跃，交通大学的人才聚集度大幅度地提升了。作为一所大学，大师是最重要的，诺贝尔奖获得者安东尼·莱格特（Anthony Leggett）教授等给我们的本科生上课，极大地激发了学生的热情和创新的活力。而一批在理科、工科、生命医学、文科等领域全职到岗的世界一流大学的教授，有效地支撑起了我们学校日常高水平的教学。其中这几年文科引进了不少世界一流大学的教授，在大家的共同努力下，交大文科这几年发展迅猛。在我们大规模引进世界一流大学教授的同时，本校的教授创新的激情也被激发起来了。令人自豪的是，许多交大本土的教授，现在已经成长为一流教授，都在世界一流的Society（学会）被遴选为Fellow（会员），而且，一大批有影响力的Assistant Professor（助理教授）也快速地成长起来。

(三) 人才培养

人才培养方面是一个比较难做定量化表征的系统，要是用招生的分

数线来做比较的话，2006 年的交通大学理科招生总体排位在第五或者第六，而现在我们已经在二十二个省份当中排在第三，还有四个省份并列第三。文科招生近几年也有了不错的成绩，我们在十七个省份进入了前三、前四或前五，这说明文科也获得了社会上更多人的认可。研究生的教育这些年取得了长足的进展，优秀博士论文数量稳步上升。最令人惊喜的是，交通大学的国际化步伐在进一步加快。2006 年我们制定了一个目标，到 2020 年交通大学海外访学的本科学生百分比要达到百分之五十，当时几乎所有的人都觉得这个数字是根本不可能达到的，但这些年的发展证明了中国任何奇迹都有可能发生。现在我们做海外游学学生，本科生当中的百分比已经达到了百分之三十八，今年的数字我相信将会超过百分之四十。我们认为中国未来的人才需要多元文化的理解和全球化的视野，而全球化的视野和多元文化的理解一定要让中国学生和外国的学生吃住在一起，通过文化的碰撞进一步加深相互之间的认知。在我们大规模往外送海外交流学生的同时，校园里面海外的留学生也大幅度增加了，现在交通大学校园里面的留学生已经达到了五千人，这两个数字叠加在一起，体现了目前交通大学国际化人才培养的成绩和努力。国际化人才培养的成功，同样体现在科创竞赛中。近年来，交通大学的学生在世界的舞台上一直以来表现非常抢眼，多次获得 ACM 大赛、计算机超算竞赛总冠军，向全世界展现了交大师生的风采和智慧。

（四）科学研究

我们将自然科学基金看作大学创新活力的一个指数。因为申请自然科学基金一定要有创新想法，交大作为工科比较强的一个大学，最开始对自然科学基金并不是非常感兴趣，因为从横向拿更多的钱其实比自然科学基金的申请还要容易。但是我们把学校的未来发展和创新活力的提高挂起钩来以后，通过一系列的调控，连续很多年在自然科学基金的申请上排名全国第一。虽然每个基金项目都只有三十几万或者四十几万，但总的基金项目经费已经达到了六个亿，即每年有上千位教师可以通过申请自然科学基金获得支持，这也体现了他们在全国的创新活力和竞争力。

尽管交通大学停止了对于论文的现金奖励，但好论文的数量还在快速增加。特别高兴的是，交大年轻的一代也迅速地成长起来了。去年我们三个协同创新中心获得了国家的认证，体现了交通大学整体创新能力的提升，继“211”和“985”以后交通大学又一次走到了国内教育的前列。转化医学国家重大科技基础设施也已经获得了立项，国际联合实验室也获得了教育部的认可。

交通大学经过这些年的改革，科研品位得到了提升。以前的科学研究以发表论文作为最终产出以及衡量的指标，这样的一种追求会影响学生的科研价值导向。**我们现在更加强调科学研究的品位，发表不发表论文倒是其次，更重要的是科学追求。**交大的季向东教授团队二十几个人为了探测暗物质，在四川的井坪山埋深两千五百米深的地下实验室里已经测量了四年的时间。面对艰苦的环境，甚至可能会面临一无所获的局面，他们不畏艰难，取得了初步的成果，正为解开目前为止人类最大的谜团而努力。中华民族未来生存最重要的是淡水资源，但我们大型水体污染情况非常严重，十几年前国务院要求国家的几个主要的研究单位治理主要的几个水体。在十三年前，交通大学开始投入对洱海的治理，经过了十三年的努力，我们把洱海从五类水变成了清澈见底的二类水，孔海南教授也从壮年的科学家变成了白发苍苍的老人，他在洱海边年复一年、日复一日的辛勤工作，赢得了当地老百姓对他的尊敬。在南海，国家唯一的一个可以在三千米水深的地方进行钻井的平台就是交大主导建设的钻井平台，这也是国家南海战略的重要组成部分，体现了交大人服务于国家的责任与担当。未来的人类健康注定会变成个性化医疗，目前美国的个性化医疗方案已投入使用，但因为成本太高，在中国不能完全借鉴其经验。个性化医疗最根本的就是创造新的药物筛选办法，目前在交通大学的附属医院一组创新药物已经开始进入临床试验，他们将工程学的控制理论与生物医药的实验手段相结合，引入正反馈回路，革命性地改变了复合药物筛选过程，大幅度地提高了筛选的效率，降低了成本，为实现个性化精准医疗打下了基础。现在交大的研究经常会入选世界十大科研突破，可以看出交通大学的科学追求现在一方面是融入了国际社会，另一方面也得到了社会上大部分人群的认可。

（五）社会声誉

在全体交大人一系列的努力下，上海交通大学的社会声誉也有了快速上升。在 ARWU 排名中，2004 年交大在全球排在第 461 位，现在却和清华、北大一样，成为中国在 2014 年进入全球大学排名前 150 位的三所大学之一。国际影响力显著提升，外国的总统、首相相继来到交通大学访问并发表演讲。交大的改革同样也引起了国际的关注，*Nature*（《自然》）是世界最有影响力的学术刊物，关于交通大学高水平师资队伍建设改革的文章是目前发表的关于中国大学改革的唯一一篇。

三、加速再出发——综合改革

为了早日实现建成世界一流大学的目标，去年经过几次讨论，我们决定在现在的基础上再次加速出发，启动综合改革。交通大学的改革方案在去年年底获得了国家教育体制改革领导小组的批准，成为继北大和清华以后国内通过综合改革方案的第三所高校。

综合改革方案的出台目的是解决问题，交通大学目前的问题，是发展中遇到了二十多个瓶颈，包括创新人才成长、科学技术创新、文化传承创新和社会服务支撑等四个方面的问题。这一系列的改革举措，最核心的就是为了把瓶颈性的困难解决掉。交通大学综合改革方案希望能够探索一个有中国特色的世界一流大学发展之路，将资源激励改革为制度激励，将资源驱动转变为内生驱动，并在自主办学的同时，接受社会的监督。

面向 2020 年建成世界一流大学的目标，我们又提出了五十项改革任务，同时也向国家有关部门和上海市提出了五十一条政策诉求，其中三十六条得到了同意，部分同意的有六条，不同意、暂时还不能实施改革的有九条。**综合改革主要是“1+3+1+1”，即通过人才培养的改革、人事制度的改革和科研体制的改革，再加上国际化办学的改革和资源配置模式的改革，快速建立起以制度激励为核心的现代大学制度。**相信综合改革的实施会带来新一轮的快速发展，建立起以制度激励为核心的现代大学治理体系，探索出一条以部市协同为支撑的高校自主发展道路。

四、交大 2020

2020 年的交通大学，将会建成四大卓越的创新体系。那时的交通大学，必将人才辈出，一大批校友成为国内与国际的业界领军人才，博士毕业生成为世界一流大学师资的重要来源；大师汇聚，各学科均有学术大师领衔，中青年骨干教师在各自的领域成为世界一流的学者，实现与世界一流大学的师资双向流动；学术卓越，依靠科技创新引领和支撑经济发展及社会进步，推动中华文明创造性转化和创新性发展；声誉卓著，跻身世界大学排名百强，3—5 个主干学科跻身世界二十强，学校成为世界各国留学生的主要选择地；制度规范，形成高效有序、规范自律的管理机制，形成多元参与、与社会有机互动、符合中国国情的办学机制；文化先进，成为促进人类发展、社会进步、民族复兴的思想库和文化策源地之一；贡献突出，为国家和区域经济社会发展提供重要的人才支持和智力支撑，对行业和产业的发展做出具有战略意义的贡献；影响深远，作为大学精神的坚守者，秉持科学精神和人文情怀，对时代和社会的发展产生深远的影响。我相信，在交大人的共同努力下，交通大学必将走出一条中国特色的现代化大学道路，成为一所学术自信、贡献卓著、文化先进的世界一流大学。

五、交通大学的精神文化核心

上海交通大学最根本的是从 1896 年开始就有非常好的文化传承，这些一直是交通大学发展最重要的驱动力。创始人盛宣怀提出的求实学、务实业，精神内核是追求真理；20 世纪 30 年代的与时俱进、敢为人先的实质是创新精神；饮水思源、爱国荣校的内核是感恩和责任；交通大学超越自我、勇创一流倡导的是激情与梦想。说到底，最根本的还是校名所携带的文化，就是两千五百年前中国的第一本哲学著作《易经》里面讲到的“天地交而万物通，上下交而其志同”，这是交通大学的文化基础，也是最根本的创新基因。

（张杰系上海交通大学校长）

张　力

新时期教育体制改革导向的调整

30多年前，我国进入改革开放新时期，有一个非常核心的问题："什么是社会主义？怎样建设社会主义？"不仅总设计师邓小平同志在思考，全党全社会也都在思考。当教育事业拨乱反正后呈现出一片生机，但邓小平同志似乎感到思路和体制还没有十分清晰，也就是说，看到当中存在的一些隐忧。对此，1985年《中共中央关于教育体制改革的决定》（以下简称《决定》）阐释得非常清楚，具体来说，一是在教育事业管理权限的划分上，政府有关部门对学校主要是对高校统得过死，使学校缺乏应有活力，而政府应加以管理的事情，又没有很好管起来；二是在教育结构上，基础教育与职业教育，高教内部科系层次，某些方面还有失调问题；三是在教育思想、教育内容、教育方法上，中央明确提出当时遇到的一些突出问题。上述判断，我们应记忆犹新，至今也有很强指导意义。

实际上，邓小平同志1982年谈到人才时，就觉得要对教育体制"动手术"，1983年提出教育"三个面向"，1984年非常关键，邓小平同志期望党的十二届三中全会把生机活力尚未充分调动起来的经济体制往前推一步，然后，随着经济体制改革，科技教育体制改革纳入议程。在短短不到两年时间内紧锣密鼓，先由教育系统调研，然后中央直接组织调研，在这一过程中，邓小平同志一直针对人才问题强调教育体制改革的重要性、紧迫性。1984 年邓小平同志听取教育系统汇报时，以及在 1985 年科技工作会议上讲话中，都可以看到他一而再再而三地强调改革经济体制、科技体制、教育体制要作为整体来考虑，必须关注人才问题。1985 年 5 月，改革开放之后第一次全教会在北京的京西宾馆召开，当时闭幕式只有 18 分钟，邓小平同志讲话用了 13 分钟，很大程度上对后面十几年教育改革导向乃至今天的方向，都给出一个总体轮廓。

这样的“破冰”改革，究竟哪些方面必须载入史册？我认为，主要是中央对社会主义建设和教育之间的辩证关系给出了非常清晰的定位，对教育体制改革的着力点做了非常明确的阐述。比如，义务教育到底是实施九年制还是六年制？要不要把基础教育的责任交给地方？当时讨论时还有一定争论，但中央决策十分坚定而明确。再如，调整中等教育结构、发展职业教育，也是从那时起步；高等教育更好地同外部相结合，就像刚才张杰校长所介绍的改革开放以来上海交大深度融入经济社会发展大潮的经验；还有高校办学自主权和多渠道筹资，也都是从 1985 年开始起步的。尤其是 1985 年决定成立国家教委，比现在教育部统管全国教育事业的力度大得多，因为除了专职委员，还有一些部委领导担任兼职委员，定期开会部署、统筹协调教育体制改革事项。

值得注意的是，当教育改革“破冰”之后，教育法制也逐渐得到高度的重视，邓小平同志看到了改革的重要性，同时感到最根本的还是要靠制度、靠法制解决问题，所以，无论是学位制度还是义务教育法，都是在邓小平同志的亲自指导下往前推进的，以至于今天我们强调依法治教，有相对比较完善的中国特色社会主义教育法律体系作为依据，都是从 1985 年前后开始起步的。

改革开放以来的历届中央领导集体，正如习总书记所指出的那样，一张蓝图绘到底，一届接着一届干。这是我们社会主义制度的最大优越性，能够把符合民心的全局性战略决策不断贯彻下去，就像火炬传递一样。改革开放以来第一次全教会之后，1994 年、1999 年、2010 年党中央和国务院相继召开三次全教会。今天我们纪念《决定》颁布 30 周年，还应与后面几次全教会部署连起来，看我国教育改革和发展是怎么一步步走过来的。

邓小平同志提出社会主义现代化建设“三步走”的总体构想，我国世纪之交迈出第一步，总体上达到小康，未来五年是举世瞩目的2020年第二步，建党百年之际，能不能如期全面建成惠及十几亿人口更高水平的小康社会，将直接关系到2050年第三步，建国百年，基本实现国家现代化。从党的十六大到十八大，都对全面建成小康社会做出总体设计，以习近平同志为总书记的党中央围绕全面建成小康社会的战略目标，相继提出“全面深化改革、全面依法治国、全面从严治党”三大战略举措，加起来就是“四个全面”战略布局。

在“四个全面”战略布局之中，特别是党的十八届三中和四中全会所明确的深化改革与法治建设的总目标，都定位于推进国家治理体系和治理能力现代化，十八届三中全会对深化教育领域综合改革做出新的重大部署，与1985年以来30年教育改革相接续，显然更为直面新世纪的新形势和新要求。纵观30年间教育改革，1985年是以经济体制改革为先导的，今天也会看到经济体制改革的重要牵引作用；1985年是以人才培养为重点的，今天也会看到立德树人的明确导向。总之，中央所部署的教育体制改革，还有大量长期而艰巨的任务要做。下面，有三点历史启示和大家分享一下。

第一，历史地看，1985年我国“实行的是计划经济，即有计划的商品经济，而不是那种完全由市场调节的市场经济”，将探索“创立充满生机和活力的社会主义经济体制”，而教育体制改革要受经济体制改革导向的影响。其实，当时在否定“文革”十年的同时，邓小平同志更在深刻反思恢复十七年体制、许多领域步入正轨后却与时代发展尤其是现代化建设的不适应性。1978—1985年仅七年，计划经济体制充分显示强大的自愈和长效功能，当时教育体制存在的许多弊端，至今在一些方面仍较顽固。所以，**邓小平同志从来不是就教育论教育，而是从人才问题切入，期望教育体制改革能与经济、科技体制改革形成联动格局。**

第二，1985年的经济体制改革还处于积极探索、酝酿突破的阶段，当时的目的还是“建立自觉运用价值规律的计划体制”，并开始“实行政企职责分开”等一系列改革举措。从1992年党的十四大至今，我国已建立了社会主义市场经济体制，不仅政企分开、政资分开，还在推进政事分开、政社分开，最近围绕建设法治政府和服务型政府，又在力推职能转变、简政放权和“两个清单”。而1985年《决定》精神，在后面三次全教会的滚动部署下，许多“破冰”改革逐渐落实并不断创新，我国得以从人口大国成为人力资源大国，跻身于全球人力资源开发中上水平。**新世纪的教育改革正进入深水区和攻坚期，“水”和“坚”的内涵都有很大变化，许多弊端骨头30年前就有，现在之所以难啃，除内部积弊变硬外，还有外部利益关系更趋多元化和复杂化。**

第三，今后，我们要努力实现“两个一百年”的宏伟目标，实现中华民族伟大复兴的中国梦，就必须遵循“四个全面”战略布局，按照习总书记关于“全面深化改革、全面推进依法治国如鸟之两翼、车之双轮”的重要论述，坚持改革与法治相辅相成，披荆斩棘与铺路架桥、攻坚克难与建章立制相得益彰。**对教育系统而言，我们要深化教育领域综合改革，全面推进依法治教、依法治校、依法办学，用法治思维和法治方式促进教育治理体系和治理能力现代化，使其成为基本实现教育现代化的基石，其中的关键，就是要构建好政府、学校、社会之间新型关系，还要继续发挥经济体制改革的牵引作用，探索包括政府和社会资本合作（PPP）在内的教育服务多样化供给方式，这将是从现在到2020年乃至更长时间教育体制改革的一个重要主攻点。**

（张力系国家教育发展研究中心主任）

□ 谢维和

承前启后，深化改革，办更好的大学

首先代表清华大学对本次会议的召开表示祝贺，同时我也深深地感到纪念《中共中央关于教育体制改革的决定》（以下简称《决定》）颁布 30 周年，是一件很有意义和价值的事。感谢会议主办方邀请清华大学汇报改革发展的情况，并以此说明国家几十年来教育改革发展的情况。我的发言题目是“承前启后，深化改革，办更好的大学”。

30 年前中共中央颁布《决定》是时代发展的需要。今天，清华大学的综合改革也是顺应国家全面深化改革、世界高等教育变革的必然的选择。改革创新是新时期清华大学事业发展的鲜明特征。这些年学校就是在改革中不断发展、不断成长起来的，本次综合改革也是几十年长期改革的延续、深化和系统化。下面简单地向大家汇报学校 30 年来改革的主要节点。

第一，历史发展、时代需要。《决定》颁布之前的 1978 年，清华大学就开始了教师队伍建设改革，其中包括教师队伍的分流和结构调整。清华的文科、理科和社会科学在 1951 年全都迁到了北京大学，清华成了多学科的工业大学。改革开放后，学校开始进行学科布局调整，着手恢复文科和理科。1983 年学校开始试行毕业生分配制度改革和双向选择，而国家整体是在 90 年代开始的。探索大学的科研模式，成立了一批研究所、成立了研究生院，开始试行免试攻读研究生的制度。1985 年实行了夏季学期，一学年三学期的制度，试行硕士生的提前攻博，成立继续教育学院，设立基础教育的基金。1986 年开始进行博士生招生改革等等。如果列举的话可能要花很多时间。举这些例子是想说明清华大学始终坚持改革开放，按照国家改革开放制度办学，是国家三十年来改革的一个侧影。

第二，深化改革、面向未来。早在 1994 年学校就提出了一个发展的基本战略，叫作“三个九年，分三步走”。第一个九年是 1994 年到 2002 年，“调整结构、奠定基础，初步实现向综合性研究型大学的过渡”。这个阶段我们完成了从一个多科系的工业大学向理、工、人文、法律、艺术等研究型大学的过渡。第二个九年是 2003 年到 2011 年，主要任务是“重点突破、跨越发展，力争跻身世界一流大学的行列”，可以说这个目标也基本完成了。第三个九年是 2012 年到 2020 年，“整体推进、全面提高，努力在整体上达到世界一流大学的水平”。所以我们的综合改革一方面是响应了国家深化改革的号召，同时也是学校改革内在逻辑的延伸。

这次清华综合改革需要着力解决三个问题：（1）怎样把一流大学的建设和国家的战略有机结合？（2）怎么能够建立起有效的大学治理体系和大学文化，进而实现建设世界一流大学的目标？（3）怎么能够充分发挥我们的制度优势？作为一流大学，当然要追求人才培养、知识创新。但是从另一个角度来说，我们也必须为国家做贡献，必须满足人民群众的需要和社会的期待，这也是一种现实，也是不可回避的大学责任。问题在于怎么把这二者结合起来。大学的人才培养和科研不能自我封闭，不能远离经济社会发展的需要，不能对国家战略需求不敏感，同时又要按大学人才培养的规律去做，这就是我们在综合改革方案的考虑过程当中始终放在眼前的一件事情。从制度和文化建设来说，我们现在还正在改革的路上，还有很多关系需要进一步理清楚。国家怎么管理大学，大学怎么接受国家的管理？**这些年来在一定程度上存在政府拉动的多，大学自发的改革少；自上而下的比较多，学术驱动的可能相对少一些；功利性的可能比较严重，纯粹学术的可能少一些；行政统筹的可能多一些，自愿交叉的合作少一些。**在座的都是大学的领导和管理者，都有同样的想法和感触。我们有我们的制度优势，特别是党委领导下的校长负责制，实际上这是健全集体决策的一个非常好的机制。我自己当过大学校长，也当过党委书记，我参加英国中英高等教育管理战略项目时（那个时候我是首都师范大学的党委书记），也以自己的经历给英国方面的专家介绍了中国大学的这个体制，他们听了也很理解。加强制度的建设对于学校的发展是非常有利的，从清华大学的经验来说也充分证明了这一点。

最后跟大家简要介绍一下清华大学改革的主要内容与思路。主要内容为“综合改革五十条”。清华大学综合改革的指导思想是：“坚持正确的办学方向，以开放带改革、以改革促发展，包括建立学术导向的竞争和发展机制，进一步解放思想、加强建设、内涵发展、办出特色、争创一流，全面提高办学质量，奋力迈向世界一流大学的行列。”

最主体的内容就是以下几点：

一、对外解决大学相对封闭的问题。与国家、社会和企业能够有更多的结合，包括探索国家通过间接补偿的方式建立一些公平的竞争机制，形成政府与大学有效互动的模式，增强大学获取社会资源的能力，除了在政府那里获得经费，还要增强大学获取社会资源的能力，实现长期稳定发展。

二、对内要处理好行政和学术的关系。解决行政和学术权力交叉越位问题，严禁利用行政权力获取学术资源。

三、人才培养模式改革。以素质教育为本的价值塑造、能力培养和知识传授三位一体的教育模式。

四、科研体制机制改革。统筹引领好国际学术前沿和满足国家战略需要，核心是建立更合理的科研体制，引导教师安心学术，从追随向引领转变，持续开展原创性的研究。

目前清华大学综合改革方案正在有序地进行，人事制度改革已经完成了将近一半的院系，主要是在工科领域；教学改革正在进行，方案也已经向社会公布了；其他的改革也在酝酿。

再谈几点体会。所有的改革都是以加强人才培养、知识创新与服务国家的能力为目的。我们国家正在面临一个转型，进入一个新常态，大学如何在这个过程当中发挥它的作用，成为国家发展的重要支持力量？我觉得这是一个非常严肃的问题，也是综合改革的基本目标。**这次改革**

不是过去的那种增量改革，不是发展带动改革，而是改革带动发展，就是一种存量改革，是要对学校原来有的机制或者资源配置模式，或者利益分配机制进行改革，要触动那一块属于自己的传统奶酪。我们相信在党中央和国务院的领导下、在全校教师的共同努力下，我们的改革一定能够成功！

（谢维和系清华大学副校长）

□ 杨福家

中国梦首先是中国教育梦

——教育改革 30 年

我想从宁波诺丁汉大学的十年经验谈一谈中国高等教育的成就与共识。

促使宁波诺丁汉大学诞生的是一场重要的会议，也就是 1998 年 10 月，联合国教科文组织在巴黎首次召开的规模空前的“世界高等教育大会”。会议对高等教育的质量、目标、资金筹措和管理、国际合作等问题进行了专题研讨，通过了《面向 21 世纪高等教育宣言：观念与行动》及《高等教育变革和发展的优先行动纲领》。各国的教育部长参加了会议。我很幸运地作为世界大学校长联盟的代表参加。这次会议最后有三个结论：经济全球化背景下高等教育必须国际化；每个公民应该有终身受教育的权利，就是“Life Long Learning”；学校必须以学生为中心，要使学生学以增知、学以致用、学会思考、学会做人、学会提问、学会与人相处。

原英国诺丁汉大学校长请我到英国诺丁汉大学做了 12 年的校长，这在英国这样一个保守国家来说是很了不起的，属于敢于第一个吃螃蟹的一类人。这位校长有十年以上的经验，敢做敢当。耶鲁大学也有类似的一位执掌学校20年的校长。**我们国内的校长像走马灯一样地换是非常不妥当的。**成立宁波诺丁汉大学教育部非常重视，也是敢于先吃螃蟹。宁波诺丁汉大学的创建与成立开创了中国高等教育与国外优质高等教育资源相结合的先河，为中国教育走向世界创造了一种全新的模式。

到了宁波诺丁汉大学后，去听一位老教授的课。老教授上台讲了十几分钟后，下面大家就开始讨论。哪一所中国大学的老教授会这样干？你可以听到完全不同的意见。就看你敢不敢提问，敢不敢思考问题，敢不敢与老师争论。通过这样的小班课堂，每个同学都得到关怀，每个同学都有发言机会，每个同学都敢于提问，每个同学都学会思考，每个同学都有合作精神。**关键的关键是把学生放在中心，而不是把SCI的文章放在中心。**

梵蒂冈是在意大利首都里面的一个小国家。这里有一个博物馆，里面有四十多幅油画。其中有一幅画的主人公是柏拉图和亚里士多德。其中有一句话说："我爱我师，我更爱真理。"这句话解释了中国的科学技术为什么落后。师道尊严，我们能破吗？在中国能够这样说吗？宁波诺丁汉大学可以。在这样的课堂里学生就完全不一样了。**我认为，做人第一、修业第二。学生入校头两年是没有专业的，而且可以参加各种社会实践，培养自己的团队意识、领袖素质。**

党的建设内容在中外合作大学条例当中是没有的，但我建议要成立党委。英国人不承认，说文件里面没有规定。但后来他们慢慢地认识到了党组织的重要性，就请党委书记做顾问。

宁波诺丁汉大学没有婆婆，但有妈妈，教育部不是我们的婆婆，而是我们的妈妈，放手让我们做。北京大学王恩哥校长出了一本书叫作《博雅教育》，其中提到了文理结合、做人第一、修业第二、小班课为主、发展第二课堂等理念，和我们的理念不谋而合。今后，我们还将举办中外合作办学的有关会议。

我有一个梦，中国梦首先是教育梦。

（杨福家系宁波诺丁汉大学校长）

□ 杨德广

30年来中国高等教育的十大变革

30年来，是我国高等教育大发展、大改革、大提高的时期，是我国高等教育从精英教育向大众教育跨越式发展的时期，是我国高等教育办学理念、办学体制发生重大变革的时期。

一、从国有化的办学体制向一主多元的办学体制转变

1949年新中国成立以后，我国在所有制体制上逐步实行公有制，即全民所有制或集体所有制，以体现社会主义“一大二公”的优越性。各类学校，包括幼儿园、小学、中学、大学全部变为公有制学校，全部由国家包下来。大学生不仅不付学费，还有70%的人可享受国家助学金。高校成了包办型、供给型的事业单位。其好处是家庭贫困的学生有机会上大学，毕业生全部由国家统一分配工作，确保了重要部门、人才紧缺部门可以补充到大学毕业生。但这种国有化的办学体制，所有经费全部由国家负担，导致“穷国办大教育”，教育经费远远满足不了各类教育

的需求，义务教育经费被占据了，难以实施，高等教育经费也因严重不足发展缓慢，直到 1985 年，我国仅有高校 1016 所，在校大学生 170.3 万人，毛入学率 1.56%。

改革开放以后，邓小平提出经济体制多元化，即以公有制为主体多种经济体制共同发展。私营企业、民营企业、股份合作制企业、中外合资企业等像雨后春笋般发展起来。在邓小平理论指导下，在经济体制改革的推动下，我国高等教育体制从 20 世纪 80 年代以后发生了变化，民办高校开始兴起，民间资本进入高等教育领域，逐步形成了“一主多元”的办学体制。“一主”就是以公办高校为主，主要由国家财政支出；“多元”即“公办”以外的多种投资体制办学，有民有民营、公有民营、股份合作制、公立高校整体转制、独立学院、中外合作办学和国外（境外）团体、个人独资办学等。“一主多元”的好处是：有利于拓宽教育投资渠道，有利于扩大高等教育规模，有利于教育制度创新，有利于引入竞争机制。截至 2013 年，我国民办高校有 718 所（含独立学院 292 所），在校生 557.52 万人，分别占全国普通高校总数和在校生总数的 29.5%、22.5%。民办高校为推动高等教育大众化发挥了重要作用，如果说，新办一所高校至少需 5 亿元人民币，民办高校则为国家增加了 3590 亿元教育资金；如果平均每年每个大学生要投资 1 万元，民办高校则每年为国家增加了 837 亿元教育经费。

二、从条块分割的领导体制向中央和地方两级领导体制转变

我国高等教育在 20 世纪 50 年代学习苏联模式，确立了“培养工业建设人才和师资为重点，发展专门学院，整顿和加强综合大学”的方针。在调整的过程中，专门学院归口中央或地方业务部门，各业务部门又创办了一批为本行业、本部门培养专门人才的单科性高等院校。1955 年，全国高等学校 227 所，全部由高教部和中央各业务部门领导，确立了“部门办学”的体制。这种条块分割的部门办学体制，一直延续到 20 世纪 90 年代。1993 年，全国普通高校有 1065 所，在校生 253 万人，其中，中央业务部门的直属高校 325 所，占 31%，在校生 85.3 万人，

占34%。在计划经济时期，主要按“条块”来规划和发展国民经济，导致计划经济成为部门经济、行业经济，各部门、各行业为了培养自身需要的人才，因此要有自己的大学。高校条块分割的领导体制，是适应于当时计划经济的，但弊端是导致大学变成部门所有，自成体系、自我封闭，低水平办学，规模小、效益差。当时高校生均仅2000人，布局结构、专业结构也不合理，教育资源不能充分利用，学校潜力不能充分发挥，与市场经济的开放性、竞争性是格格不入的。改革开放以后，伴随着市场经济的发展，打破了条块分割的经济体制，高等学校条块分割的状况随之也发生了重大转变。90年代初，国家制定了“共建、调整、合作、合并”的八字方针，把大部分部委属大学归属于教育部主管，或地方主管。先后对国务院49个部委161所普通高校、97所成人高校、271所中等专业学校、249所技工工厂校进行调整。全国高校领导体制改革涉及900多所高校，597所高校合并组建为267所。中央部委院校从366所降为120所。到2000年底，全国共有556所高校合并组成232所。1999年，我国综合性本科院校仅74所，2007年发展到239所。一批高水平的综合大学的组成，有助于发展重点学科和创建世界一流大学。

经过合并、调整，有四个好处：一是高校不再为某一部门、行业服务，而是面向社会，为多部门、多地区服务，有助于挖掘学校的潜力，发挥学校的优势；二是大学不再是部门所有，有较大的办学自主权，可以根据自身优势、社会需求，充分发挥主观能动性；三是学校规模扩大了，提高了办学效益；四是扩大了省（市）级政府对高等教育的决策权和统筹权，形成了中央和省两级政府管理、以省（市）级政府管理为主的新体制。

三、从高度集权的管理体制向依法自主管理体制转变

在计划经济体制下，我国自上而下实行高度集中统一管理，高等学校也是如此，都在行政部门领导之下，上级对下级“统、包、管”，下级对上级“等、靠、要”。从经费的下达和使用、教师的进出和待遇、

专业设置、教材编写、招生、毕业生分配等，全部由政府主管部门决定。高校的管理、供给全部依赖于政府，政府成为“全能”政府，集“举办者、管理者、办学者”于一身，学校没有办学自主权。这种管理体制的弊端是：一是政府权力过大，行政化倾向明显，容易导致不切合高校实际情况的“一刀切”，用一个模式统管；二是由于政府统管，割断了高校与社会的联系，削弱了高校主动面向社会、面向市场的积极性；三是捆住了学校的手脚，不利于高校办出特色，发挥优势；四是缺乏激励机制，不利于高校之间的竞争，干多干少一个样，干好干坏一个样。针对高度集权的管理体制，上海六所著名大学的校长、书记于 1979 年 12 月 6 日，在《人民日报》发表了《给高校一点自主权》的文章，立即在高教界引起了强烈共鸣和反响，为我国高校管理体制改革起了推波助澜的作用。1985 年，中共中央颁布了《关于教育体制改革的决定》，指出“国家及其教育管理部门要加强对高等教育的宏观管理和指导”，同时要“改变政府对高等学校统得过多的管理体制，在国家统一的教育方针和计划的指导下，扩大高等学校的办学自主权”。1993 年，中共中央和国务院在《中国教育改革和发展纲要》中指出，为了与我国经济、科技、政治体制改革相适应，我国高等教育体制改革的目标和模式是：“逐步建立政府宏观管理，学校面向社会、自主办学的体制”。1998 年《高等教育法》明确提出了高等学校具有七个方面的办学自主权：制定招生方案，自主调节学科招生比例；依法自主设置专业和调整学科、专业；自主制定教学计划；自主开展科学研究、技术开发和社会服务；按照国家有关规定，自主确定教学、科学研究、行政职能部门等内部组织机构的设置和人员配备；按照国家有关规定，评聘教师和其他专业技术人员的职务；调整津贴和工资分配。近些年来，随着改革开放的深入、市场经济的发展，政府管理职能不断收缩，改变了“统、包、管”状况，向“服务型”政府转变，高校依法自主办学的权力更大了，充分发挥了学校的优势，增强了办学活力，调动了教学、科研为社会服务的积极性。

四、从高等学校单一属性论向双重属性论转变

新中国成立以后，一直到“文革”期间，关于教育的属性问题，主要按照苏联的观念，把教育视作上层建筑领域、意识形态领域。我国著名的教育家杨贤江早在20世纪40年代也是把教育归属于上层建筑。坚持认为教育是上层建筑的理由是：在整个社会结构中，教育思想、理论、方针、路线等，都属于社会意识形态范畴；教育部门不同于经济部门、生产部门，教育没有参加生产，同社会生产力没有直接联系；教育是为一定社会统治阶级服务的，为具有阶级性的国家利益服务的；教育是按照统治阶级意志、按照国家的教育方针在实施教育活动、培育人才，教育培育出来的人是具有阶级性的。如果否认教育是上层建筑，便是否认教育的阶级性，将导致偏离社会主义办学方向。

1976年粉碎“四人帮”以后，在教育领域拨乱反正中，在强调工作重点转移到经济建设、重视生产力作用的背景下，不少学者认为，教育是生产力。理由是：教育特别是高等教育已间接或直接参加了物质生产过程，成为现代化生产力的重要因素，成为经济建设主战场之一；高等教育的培养目标、组织形式、教育内容、科学研究、社会服务等，与生产力有直接联系。尤其是邓小平提出“科学技术是第一生产力”的论断以后，越来越多的人坚信高等教育也是生产力，因为高等教育中包含科学技术、生产和创造科学技术。还有人认为，在我国进入经济建设为中心时代，高等教育已从社会边缘走向社会中心，大学成为发展科学和经济的源泉，成为新思想、新知识、新文化的生长点，成为高新科技产业的孵化器。高等学校承担了许多经济建设、社会发展中的攻关项目，为生产力发展做出了重大贡献，高等学校培养出来的各类专门人才，大多数是为生产力发展服务的，因此可认定高等教育是生产力。

高等教育属于上层建筑还是生产力？学者们在20世纪80年代争论很热烈，各执己见，各有道理，后来大多数学者认为高等教育具有双重属性，仅认为只有单一属性是片面的。高等教育的思想、理论、观念，乃至方针、政策、培养目标、办学方向等属于上层建筑。为此，教育必须坚持社会主义办学方向，坚持把学生培养成德、智、体、美全面发展

的社会主义建设者和接班人。但是高等教育又是生产力，它不仅直接或间接参加经济建设，而且教育培养出来的人是生产力最重要的因素。如果否定教育是生产力，只当作上层建筑，容易把教育当作福利部门、消费部门，忽视对教育的投入。教育是生产力的理念为教育优先发展的地位提供了理论依据。

双重属性论既有利于坚持正确的办学方向，把立德树人放在第一位，又有利于教育为“社会主义现代化建设服务，为人民服务”，直接参与经济建设和发展生产力；既提高了教育地位，又增强了办学效益。

五、从高等学校是事业性单位向事业性、产业性单位转变

在计划经济时代，我国把大学划入事业单位、消费单位，完全由国家投资，由国家包下来，没有投入、产出的成本核算，把本不属于义务教育的大学，由国家全额拨款。当时高校规模很小，还能勉强维持，但由于国家拨款太少，严重影响了高教事业的发展。由于大学是事业单位，成为政府的下属单位，导致政校不分，以政代校、大学没有自主权，按“红头文件”办学，一切唯上是从。改革开放以后，这种计划经济体制——由国家包下来的办学模式，已被市场经济打破。随着条块分割的领导体制的变化、行业办学的收缩，政府不再对大学全额拨款，仅投入一部分教育事业费，缺口 1/3—1/2 的经费要学校自行解决，大学成为非全额拨款的事业单位。因此，要发挥高等学校产业性的特点，通过发展教育产业弥补教育经费的不足。刚开始，有些人反对提大学的产业性，只承认大学的事业性，并以大学的公益性否定大学的产业性。然而在高等教育发展进程中，越来越多的人认为大学既具有事业性，又具有产业性。大学的产业性是客观存在的，发达国家的大学把发展教育产业和教育市场作为提高教育质量和办学效益的重要途径，作为教育经费来源的重要途径，有力推动了高等教育的发展、经济社会的发展。许多国家不仅在国内发展大学的教育产业、教育市场，而且拓展到国外，如招收留学生、输出科学技术和高科技人才，建立劳务市场、人才市场、教育消费市场等。据统计，美国每年教育产业总产值高达 2000 亿

美元，居美国经济所有产业的第四位，还提供了200万人的劳动就业机会。英国、澳大利亚、加拿大、日本等国教育产业、教育市场也在蓬勃发展，并日益向我国延伸，给这些国家带来了巨大的财源和才源。

我国大学的产业性体现在以下三方面：（1）大学是生产知识的产业，在知识经济时代，知识已成为重要的生产要素，其作用超过“工具”这一生产要素，既然生产“工具”的工厂、企业是产业，同样，生产“知识”的大学也是产业。（2）大学是生产人力资本的产业，用知识和科学技术武装起来的人力，是生产要素中的新的资本投入，这种新的资本称为“人力资本”。人力资本是现代化生产力中的重要因素，在推动生产力发展和经济发展中具有决定性的作用，因而，“生产”人力资本的大学，理所当然是一种产业。（3）大学的产业性还体现在教育市场的形成和繁衍上，与教育产业相对应，大学有知识市场、科技市场、信息市场和人才市场。

30年来的实践证明，把高等学校由单一事业性转变为事业性和产业性双重属性，推动了大学主动面向社会、努力为社会服务的积极性，拓展了教育产业和教育市场，有力地提高了大学的社会声誉和经济效益。

六、从单一的投资体制向多渠道集资转变

在计划经济时期，我国实行高度集中的“统收统支”的财政体制。高等学校办学经费根据高校的隶属关系，由中央和地方财政各自分担，大学生不仅免缴学费，而且普遍享受人民助学金，即“免费+人民助学金”，当时认为这是社会主义优越性的体现。从1952年起，百分之百的大学生享受人民助学金，1964年改为百分之七十五的大学生享受人民助学金。计划经济时期，全国中小学和幼儿园全部是公立学校，也全部由国家投资。在我国经济并不发达、财政经费拮据的情况下，对大、中、小、幼全部包下来的做法有悖我国国情，“穷国办大教育”，导致教育发展缓慢。

改革开放以后，我国经济社会蓬勃发展，人民生活水平日益改善，对教育和人才的需求也日益增加，国家不可能对高等教育实行全包政

策。当时，人们的思想观念开始发生变化，尤其是经济学的人力资本理论、公共产品理论和成本分担理论的引入，认识到高等教育属非义务教育，是准公共产品，按照“谁受益，谁投资”的市场规则，受教育者应承担一部分教育成本。但国家、社会也是高等教育的受益者，按“教育成本”合理分担理论，应建立“以国家财政拨款为主，多种渠道筹措高等教育经费为辅”的高等教育投资体制。从 20 世纪 80 年代中期开始，我国高校开始改革助学金制度，试行收费制。1986 年，部分高校开始招收收费的“委培生”和“自费生”，这是我国高等教育在投资体制方面的一大突破。1987 年，把人民助学金改为奖学金。1989 年，全国部分高校开始收取学费。1993 年《中国教育改革和发展纲要》明确提出：高等学校要建立“国家财政拨款为主，社会多渠道筹资的教育筹资体制”，“收取非义务教育阶段学生学杂费”。1997 年全国高校招生并轨完成，实行所有新生都缴费上学的制度。1998 年颁布的《高等教育法》规定：“国家建立以财政拨款为主，其他多渠道筹措教育经费为辅的体制”，使我国高等教育经费筹措和管理走上了规范化、法制化的轨道，突破了单一的投资体制。2004 年，我国普通高校经费总数为 2129. 76 亿元，其中学杂费为 647. 69 亿元，占总额的比例高达 30. 41%。

多渠道筹资途径除收取学费外，还包括：通过接受世界银行教育贷款和开展国际教育合作获得资金；高等学校与地方部门、企事业单位联合办学，取得经费支持；鼓励国内外和海内外企事业单位、社会团体和个人捐资筹资，用于办学助学，国家不计征税；鼓励和支持高校发展高科技产业、教育服务产业，政府实行税收减免等优惠政策；利用金融信贷手段，融通教育资金，为教育企业从社会融入资金；设立各种基金，长期定向支持教育事业；等等。

以国家财政拨款为主、多渠道筹措教育经费的投资新体制改变了单一的国家投资体制，增加了高等教育办学经费，缓解了国家教育经费短缺的困难，扩大了办学规模，改善了办学条件，有力地推动了高等教育的发展。据调查，我国高等教育财政预算内拨款 1993 年占高教支出的 82. 4%，1998 年下降到 69. 0%，2000 年下降到 47. 9%，多渠道筹资的经费占一半以上。2006 年，我国高等教育经费总额为 2939 亿元，其中财政性经费为 1260 亿元，占 42. 9%。2007 年，不少重点大学经费 70%

来自非政府拨款。

七、从精英教育向大众化教育转变

在计划经济时期，由于我国高等教育实行国有化的办学体制、单一的投资体制，在思想认识上，把高等教育当成上层建筑，当作消费部门、福利部门，不承认其生产力地位，国家对高等教育的投入不足，严重影响了发展步伐。1949 年，我国有高等学校 205 所，在校大学生 11. 7 万人，毛入学率为 0. 26%。30 年后，到 1978 年，我国高等学校只发展到 598 所，在校大学生 132 万人，毛入学率仅为 1. 5%。改革开放以后，在邓小平理论指导下，对“四人帮”“左”的思想路线进行了拨乱反正，从“以阶级斗争为纲”转移到“以经济建设为中心”。邓小平提出优先发展教育的观念。他说：“我们要实现现代化，关键是科学技术要能上去。发展科学技术，不抓教育不行。”“我们国家要赶上世界先进水平，从何着手呢？我想，要从科学和教育着手。”他还说，我们的国家现在面临一个严重问题，就是缺乏人才，因此必须大力发展教育，努力培养大批人才，要把教育放在优先发展的地位。从 1982 年党的十二大开始，就确定了“教育优先发展”的战略。但是不少地区的党政主要领导，只顾把精力、财力放在发展经济建设上，不重视发展教育。因此改革开放后的一段时间内，我国高等教育仍然发展不快，一直停留在精英教育阶段。截至 1988 年，全国普通高校只有 1075 所，在校大学生 206. 6 万人，毛入学率为 1. 4%。邓小平对这一状况非常不满意，尖锐地批评一些领导不重视教育的问题，他说：“工作重点的转移，包括转移到教育上来”，“一个地区、一个部门，如果只抓经济不抓教育，那里的工作重点就没有转移好，或者说转移得不完全。忽视教育的领导者，是缺乏远见的、不成熟的领导者，就领导不了现代化建设”。他大声疾呼：“我们要千方百计在别的方面忍耐一些，甚至牺牲一点速度把教育解决好。”在邓小平理论指导下，在经济大发展的推动下，在人民群众生活水平日益提高迫切需要加强高等教育的促进下，我国高等教育有了较大发展，但仍然满足不了经济建设和人民群众的需求。在 1999 年 6 月的全国教育工作会议上，江泽民总书记代表党中央提出：“要大力发展高等教育，尽可能满足人民群众上大学的需求”，有力推动了高等教育的大发展。从 1999 年到 2006 年连续八年的高校扩招，促使我国高等教育跨越式地从精英教育阶段进入大众化教育阶段。1998 年我国高校数为 1070 所，在校大学生 642. 99 万人，毛入学率为 6. 8%。2002 年我国高校数发展到 1510 所，在校大学生 1512. 62 万人，毛入学率为 15. 3%。2006 年我国高校数 1867 所，在校大学生 2200 万人，毛入学率为 22. 0%。八年扩招，平均年招生增长率为 22. 9%。我国高等教育跨越式的发展是符合当时我国国情的，而不是像有些人说的是“经济主义的产物”“教育产业化的产物”。我国高等教育的大发展体现了我国高等教育在观念上、体制制度上的变革。我国高等教育大发展的途径是多方面的：一是国家增加了投入。二是老校通过改革扩容挖潜。三是利用学校自身力量、社会力量及政府支持、银行贷款等新建大学城、大学园区。四是利用民间资本大力发展民办教育，包括名校办民校的独立学院，以及混合所有制的民办高校。五是积极开展高等教育自学考试。我国于 1981 年创建高等教育自学考试制度，为未能上大学的青年提供接受高等教育的机会，是对自学者进行以学历考试为主的高等教育国家考试，是个人自学、社会助学和国家考试相结合的高等教育形式，具有机会均等、选择自由、宽进严出、教考分离、机动灵活、收费低廉等特点。每年有数百万人报名，约十万自考生获得毕业证书，对推动高等教育大众化发挥了重要作用。六是充分发挥成人教育、继续教育、电视大学（开放大学）、网络学院的作用，每年都有上百万名大专毕业生，对提高高等教育毛入学率做出了重要贡献。

综上所述，我国高等教育跨域式进入大众化阶段，不仅是数量上的增长，更重要的是对教育认识的飞跃，是教育观念的重大变革。人们认识到高等教育不仅是上层建筑，而且是生产力；不仅是事业单位，而且具有产业性；不再是消费福利部门，而是生产知识、生产人力资本、生产高新科技的产业。我国高等教育跨域式进入大众化阶段，是邓小平教育优先论，是国家科教兴国、人才强国战略结出的丰硕成果。

八、从统招统配的唯分数论的考试招生制度，向素质教育导向的考试招生制度转变

我国从20世纪50年代开始就实行全国统一高考制度，即由教育部组织专家统一命题，考生在同一时间考试、统一阅卷、统一划定录取分数线。这种方式的优点是公平、公正、便捷，但也有存在明显的弊端。一是“唯分数论”，完全从高分到低分依次录取，不利于有特长的学生进入大学；二是逼着学生拼命追求高分，“应试教育”愈演愈烈；三是全国数百万考生在考同一张试卷，统考变成了“陪考”，有些基础较差的学生，明明考不取一本、二本，也陪成绩好的学生一起考，最后以失败者进入高职高专，挫伤了这些学生的学习积极性。从90年代以来，教育部试行了一系列关于高考制度的改革，包括“高考内容的改革”“综合能力测试”，减少考试科目，改革录取方式。2001年，教育部又批准部分高校“自主招生”，但这些改革治标不治本。尤其是“自主招生”，不仅没有减轻学生负担，反而加重学生负担；不仅没有招收特长生，反而变成争夺生源的“掐尖”大战。

在党中央、国务院亲自领导和关心下，2014年9月，教育部颁布“考试招生制度改革配套政策”并批准《上海市深化高等学校考试招生综合改革实施方案》，该方案是一个超越以前任何一项考试招生改革的方案，是一个有助于遏制“应试教育”、实施素质教育的改革方案。方案明确规定“分类考试、综合评价、多元录取”，有利于科学选拔和培养人才。这次综合改革有以下四个亮点。

第一，强调把普通高中学业水平考试与高考挂钩，有助于促进学生努力学好每门功课，高中阶段采取“门门清”的办法，即学完一门考一门，分散在不同年级、不同时段考，减轻了学生集中考试的负担。在13门课程中，学生可自选3门为等级性考试，其余为合格性考试，有助于学生发展兴趣爱好，不要平均使用力气。

第二，进一步改革高校春季考试招生办法。上海等地的春季考试招生已实施多年，但原来只招收上一年秋考落榜生，现在扩大到了高中应届毕业生。“依据统一考试成绩、普通高中学业水平考试成绩、面试

(或技能测验) 情况进行录取。”增加春季考试有四方面好处：一是有利于考生分流，不必都挤在秋季高考；二是增加了应届高中毕业生在升学时的选择机会；三是学生可以量力而行，不必与秋季高考的同学争“跑道”；四是有助于高校办出特色，挑选适合本校、本专业有特长的学生。

第三，加快推进高职院校分类考试和招生。即高职院校及专科学校不再与普通学校放在一起招生。采取“文化素质+职业技能”招生录取制度，这样就避免了“三校生”扮演“陪考”角色，有助于中专、职校按职业技能型人才培养目标实施教学计划，当“三校生”有了明确的上大学通道后，每个学生就不必统统往普通高中、普通高校挤，以便小学和初中实施合理的分流，有利于素质教育的开展。

第四，“建立高中学生综合素质评价制度”，改变了过去的高考只看分数，学生的素质好差与升学毫无关系的录取标准。现在将采取切实措施，建立综合素质评价制度，把学生平时表现、成长过程如实记录下来，包括个人特长、兴趣爱好、实践能力、创新能力、身心状况等要素，有助于促进学生提高思想道德水准，沿着德智体美全面发展的道路前进。

九、从后勤行政化向后勤社会化转变

在计划经济体制下，大学是一个封闭的独立体系，一切依赖于政府供给，与社会各方面联系很少。在政府统包统配下，大学成了一个小社会，从托儿所、幼儿园到商店、医院，从食堂、浴室到住房等，应有尽有。大学的“总务处”是学校“吃喝拉杂睡”的总管处，是学校机关中一个重要的行政管理部门，师生员工的生活服务全部归入“总务”范畴。教育部设有总务司，大学有总务处。总务处完全采取行政化的管理模式，职工属学校编制，拿学校工资，按教职工作息时间上下班。学校党政领导要花很大精力讨论研究总务工作。教职工、学生对伙食、住房、维修、服务质量等方面的问题都要找校领导“告状”，严重影响了学校领导的正常工作。随着高校规模的不断扩大，政府及大学自身越来越难以承受日益繁重的总务工作，担当不了“统、包、管”的角色。

“文革”以后，邓小平提出高校“后勤工作”的概念。他在 1977 年全国科学和教育工作座谈会上说道：“后勤工作的任务，就是要为科研工作、教育工作服务。”1998 年《中共中央关于教育体制改革的决定》指出：“高等学校后勤服务工作的改革，对于保证教育改革的顺利进行，极为重要。改革的方向是实行社会化，学校所在地方党政领导机关要把解决好这个问题的责任担当起来。”根据中央指示精神，高校和各地政府积极采取措施，鼓励和支持各种社会力量参与高校后勤服务。

在高校后勤改革过程中，关键是理念的变革。由计划经济体制下大学办后勤、大学办社会的观念，逐步改变为由社会提供后勤服务的观念。大学由后勤提供者，转变为向社会购买服务，是社会后勤服务的消费者。许多高校的后勤改革从伙食改革先行：学校提供条件，校外人员承包经营，保障质量，独立核算，自负盈亏。伙食质量有了提高，尝到了改革的甜头。1999 年 6 月，《中共中央国务院关于深化教育改革全面推进素质教育的决定》提出，为适应高等教育规模扩大需要，要“加大学校后勤改革力度，逐步剥离学校后勤系统，推动后勤工作社会化，鼓励社会力量为学校提供后勤服务，发展教育事业”。当时教育部提出分两步走：第一步，高校后勤人员从学校行政管理系统分离出来，组建自主经营、独立核算、自负盈亏的学校后勤服务实体；第二步，各地方组建跨高校的后勤服务集团，以产业化、企业化等形式，承担本地区范围内高校的后勤服务保障工作。

许多高校加快了后勤社会化步伐，学校行政管理中不再包含后勤服务，全部交给独立运行的社会化的后勤部门，以便学校领导集中精力、财力抓好教学、科研工作。为了推动全国高校后勤社会化改革工作，从 1999 年到 2002 年，国务院连续四年每年召开一次全国高校后勤社会化改革工作会议，取得了显著成效。高校在探索后勤改革方面采取了多种模式：一是并入方式，即将学校后勤并入校外企业，学校将房产租赁给校外企业，校外企业实行收费服务。二是托管方式，即将学校分离出来的后勤服务项目部分或全部委托给校外企业直接进行经营管理。三是联办方式，学校转制后的后勤实体与校外企业联合经营管理，为学校提供后勤服务。四是引进方式，引进外单位到学校办后勤，学校收取一定的房租费、管理费。五是校内独立型，即学校后勤相对独立，在学校宏观指导下，自我管理，有偿使用学校房产，有偿为学校服务。

高校后勤社会化改革实践深化了人们对高校后勤社会化重要性的认识，各高校和广大师生员工享受了改革带来的丰硕成果，有力地支撑了高等教育大众化的发展。据统计，在新一轮高校后勤社会化改革攻坚阶段的几年内，新增学生公寓 3800 多万平方米，改造 1000 多万平方米；新建学生食堂 500 万平方米，改造 130 万平方米，新建学生公寓和食堂面积超过了新中国成立后 50 年的建设总量，解决了 400 多万大学生的食宿问题。同时，高校面貌和周边环境，尤其是社会投资环境得到了极大改善。仅学生公寓一项就拉动社会资金 330 亿元，不少高校还重新规划校园建设方案，通过置换后勤用地，开辟或清理了办学空间。我国高等教育规模从 1998 年的 643 万在校生增长到 2007 年 2720 万在校生，之所以得以顺利运行，高校后勤社会化的改革功不可没。

十、从封闭的本土化教育向开放的国际化教育转变

20 世纪五六十年代，我国高等教育基本上属于本土教育，除了部分高校与苏联、东欧社会主义国家有些交往外，与其他国家基本上没有往来，“文革”期间又中断了与苏联和东欧各国的关系，我国高等教育处在封闭办学的状况。封闭的主要原因是以美国为首的资本主义国家敌视中国并实行封锁政策，我国只能“自力更生”，再加上当时受“左”的思想路线影响，受意识形态领域阶级斗争观念影响，对资本主义国家的东西采取排斥态度。直到“文革”后改革开放初期，我国的高等教育仍停留在本土教育，没有打开国门。邓小平针对我国长期以来以“独立自主”“自力更生”为名搞闭关自守，提出了尖锐批评，他说：“独立自主不是闭关自守，自力更生不是盲目排外。科学技术是人类共同创造的财富。任何一个民族、一个国家，都需要学习其他民族、其他国家的长处，即人家先进的科学技术。”针对当时教育主管部门不敢邀请外国专家来华讲学，邓小平于 1977 年 8 月在“科学和教育工作座谈会”上指出：“接受华裔学者回国是我们发展科学技术的一项具体措施，派人出国留学也是一项具体措施。我们还要请国外的著名学者来我国讲学。同中国友好的学者中著名的学者多得很，让人家来讲学，这是

一种很好的方法，为什么不干？”1983年10月，邓小平亲自题词：“教育面向现代化、面向世界、面向未来”。“面向世界”，就是教育要向其他国家学习并吸收先进的经验，赶超世界先进水平。在邓小平理论的推动下，从20世纪80年代中期开始，加快了高等教育国际化的步伐。主要体现在：增加派遣出国留学人员，大力发展来华留学生，积极开展国际交流与合作，聘请外籍教师来华任教或讲学，派遣中国教师出国任教或讲学，参加国际会议和在国内召开国际学术会议。

2011年，我国加入世贸组织（WTO）以后，进一步认识到加快高等教育国际化的必要性和重要性。伴随我国经济实力增强、市场经济的快速发展，我国在国际舞台上的地位越来越大，面临的竞争压力也越来越大，必须有一大批具有国际视野的、国际竞争力的高水平人才。但仅仅依靠本土学校来培养是远远不够的，必须引进世界高水平的优质高等教育资源，以推动我国高等教育的最优化发展。1998年颁布的《高等教育法》明确规定：“国家鼓励和支持高等教育事业的国际交流与合作。”30年来，我国高等教育国际化有了进一步发展，不仅在人员往来、中外合作办学、文凭互认等方面取得很大成绩，而且在先进的教育观念和理论，引进先进的专业、课程和教材，引进先进的教师和教学方法，引进先进的管理模式和评价标准等方面也取得明显效果。

在高等教育国际化中，西方发达国家占有优势，他们利用我国的对外开放政策，到我国来抢占教育市场，这对我国高校来说，既是机遇又是挑战。一方面，我们可以趁机将外国的优质教育资源为我所用；另一方面，我国也要积极向外国开放国内教育市场。既要请进来学习外国的先进东西，也要走出去传播我国先进的文化，孔子学院在外国的发展就是成功的案例。

从封闭的本土化教育向开放的国际化教育转变，并非否定和削弱本土化教育。高等教育国际化与本土化教育是互相促进、内在统一的关系。国际化是从本土化出发的，为本土化服务的，“越是民族的就越是世界的”。中华民族有着几千年优秀文化传统，继承和弘扬中华优秀传统文化是我国高等教育的责任，其中包括通过国际化向世界宣传、弘扬中华优秀文化。但在现代化发展过程中，我国落后于西方发达国家，应通过国际化办学途径学习它们先进的科学文化，加快我国现代化建设步伐。我国高等教育只有走国际化与本土化相结合的道路，才能不断提高办学水平和教育质量，在世界高等教育系统中占有重要的地位。

（杨德广系中国高等教育学会原副会长）

□ 席酉民

高教：破产还是颠覆性创新

——如何面对颠覆性技术挑战

大家现在生存在一个全球化的世界，当我们要讨论教育的时候，我们一定要问自己一个问题：教育要培养什么样的人？也就是必须知道未来人对教育的需求才能做好教育，应该说**未来之人才像是在全球背景下骑在疯牛背上的斗牛士，面对的是全球化的背景和非常不稳定的环境**。大家知道这头牛是一头疯牛，如果能够在上面坚持几秒钟就很不容易，什么样的人才能做到？一定是国际玩家（Global Player）！那国际玩家需要什么样的能力和素养才能在一个不确定的环境下、非常难以驾驭的疯牛背上坚持几秒钟？我常用这样几个词来描写当下人类生存的环境：不确定性、模糊性、复杂性和快速变化性（简称 UACC）。谁也无法逃脱这四个变量的影响，也就是说未来世界是生存在这样一个空间里面，我们的教育和未来的人怎样在这样的时空里面去生存、去竞争？这是我们搞教育人的思维基础，如果搞教育的人对这个问题没有清醒的认识可能就会走偏方向。

这个时代告诉了我们什么？首先，链接革命会改变很多人的生活行为，包括学习的行为。我们传统的教育是以教知识为主，现在一个可穿戴设备或者智能手机，所有的知识可以全装在身上，为什么还要记忆这些知识？如果大学还是以教知识为主，这样的大学的意义是什么？其次，社会会形成一种新的生存状态，叫作“共生”。再次，有一系列颠覆性技术在不断颠覆着我们的生活、我们的组织、我们的教育。又次，世界需要一种全球的竞合。最后，教育是从过去的惧怕无知到如何面对UACC，这是当下教育的一个挑战。

为了应对这样的教育挑战，我们要培养国际玩家。这是一个非常重要的问题，我们必须理解我们的培养对象和培养目标。我们知道国际玩家必须面对来自本土的挑战，本土文化对于中国教育、中国学术的影响太深刻了。中国的学生在课堂上习惯沉默，不愿意去挑战已有的知识和老师。中国的“应试教育”可能再过数十年也难以改变，原因在于教师和学生以及社会共有的非常深层的基础结构，比如我们选人是相马而不是赛马，如果相关制度和社会文化不改变，“应试教育”就无法改变，大学就沦为一个考证机关，很悲哀。

国际玩家还需要面对外部文化的冲击，我们必须生存在一个多元文化的背景下，比如现在我工作的西交利物浦大学（以下简称“西浦”），学生和老师来自五十多个国家，我必须天天面对来自五十多个国家的人，他们是不同的教育体系训练出来的人，具有不同的行为特征。在这种情况下，国际玩家必须具备什么样的才能？最重要的就是跨文化领导力，这是这个时代我们要培养的最重要的方面，不管你是学哪个专业的，学理科、工科还是管理，如果缺乏这个跨文化领导力是很难有竞争力的。

什么是跨文化领导力？几年前我就提出了UACC，美国西点军校也提出了一个复杂脑袋的观点，至少有四点是教育必须关注的：首先是跨文化的理解力，然后是复杂脑袋——西点军校已经做了一定的描写，还有整体思维和变革管理，就是要学会变化管理。不管学什么专业，这些方面是我们必须加强的，但现在学校里面没有有意识地训练学生这些，这是我们教育的问题。

面对这样的大学教育，我们来看德鲁克先生讲的一句话：任何公益事业和非营利组织的变革大部分不是来自内部，而是来自外部。例如对现代高等教育产生重要影响的洪堡大学，不是由大学教授而是由一个外交官创办的。20 世纪五六十年代美国大学的迅速变革不是来自内部，而是来自社会对大学的不满。现在社会迫切需要大学变革，家长和孩子都不满意，还有一系列的颠覆性技术会改变中国大学的生态。更有意思的是，哈佛商学院战略教授 Clayton 2014 年预测未来十五年内美国大学会破产一半。他的话会让我们很多人震惊，我们的大学模式基本上都在学北美模式，我们的很多家长向往着把孩子送到北美接受教育，但是他讲到未来十五年之内美国的大学会破产一半。连我们很向往的大学都可能会破产一半，我们不向往的大学不知道会破产多少。但是请大家放心，我们的公办大学现在还没有组织法，想破产都不知道怎么破产。很遗憾的是，这样的大学可能不是我们想要的大学。

在这种情况下到底是行动还是观望？我可以告诉大家，去年我参加了教育部的咨询工作会议，会上讨论了几所高校的改革方案，坦率地讲我在这个会上没有听到关于教育未来的讨论，这些下一步全面综合改革的方案里面很少涉及教育的根本问题，基本都是琐碎的内部管理事情，两天的讨论我觉得非常遗憾。现在我们还在当下的小问题当中不能自拔，没有办法前瞻教育面临的大挑战，这些就是我们要警惕的。

大学教育到底应该怎么发展？传统的教育是害怕无知，让人们防止无知，所以教学生知识，现在的技术可以让人们很容易获得知识。在台湾一个教育论坛上，一位知名的教育家讲现在的人缺乏智力带宽（知识宽度，Intellectual Bandwidth），我认为其实**现在很难解决的是知识的深度（Intellectual Depth），更难解决的是知识的高度即造诣（Altitude）**。现在很多工具是把传统教育计算机化，并没有改变教育的实质。知道教学的人很多，知道教育的人很少。我们需要培养具有造诣的人，把这三者融合起来，这样才能构成适应未来的教育。知识宽度、深度、高度，现在我们僵化的“应试教育”体系已经没有办法适应这些东西，制度的保证让大学没法破产，如果真的是可以破产的话，我们一些学校一定会破产。

西浦一直在思考怎样培养适应未来的人才，未来的人才一定生存在全球化、互联网时代、多元文化和 UACC 的环境当中，我们要培养的是世界公民，西浦试图把一般的孩子培养成为不一般的世界公民。在这种情况下，**我们真的要培养适应未来的人才有三件事情要做：重塑学习与教学（Reshaping Learning and Teaching），反思教育（Rethinking Ed-**

ucation)，最后是重新定义大学（Redefine University)。大家可以想象一下，既然我可以随时随地廉价地学习，为什么还要花很多钱来上学？在全世界都在重塑教育的时代，西浦想做的不是简单拷贝英国或者美国大学，英国大学有它的好处，但非常僵化；美国的大学虽然强调个人英雄主义，但是对一般的学生并没有保证，完全放任。中国的学生可以教尽可能多的知识，但用的是非常被动的方法去教，西浦不是简单地拷贝外国大学和中国大学，而是整合中外大学的优点，根据未来世界发展的趋势和需求提出我们自己的教育理念，探索一种新的、适应未来世界发展的趋势和要求的教育。

另外，德鲁克先生在20世纪讲过一句话：20世纪已经解决了管理的效率问题，21世纪的挑战是如何提升知识工作者和知识组织的效率。而大学是典型的知识组织，目前全世界百分之九十的大学依然用的是层级式的管理结构，在大学工作的人都深知这种体系对我们的制约，西浦探索的是一种新型的网络组织，试图对大学管理提升做出贡献。最后作为大学当然要培养人才，开展研究和社会服务，同时还希望我们能够探索影响中国教育改革和实践的教育，这是给自己一个非常伟大的使命。经过近十年的发展，现在已经可以实施，国内也有其他大学的教师和领导在我们学校培训，我们陆陆续续地开展了从行政人员到管理者、领导者和教师的培训，这个月有来自湖南、浙江和上海一些高校的教师培训，帮助这些教师提升对教学的理解，以及如何从我们传统的以教师为中心转变为以学生为中心。

大学的意义是什么？不是教知识，而是帮学生健康地成长。怎么才能以学生为中心、以学习为中心？**知识对人类发展依然重要，但要用另外一种研究导向或者主动的方法，更重要的是要帮学生学会学习，学会与别人合作，有国际视野，知道自己之于组织和社会的价值，未来社会如果我们对这个社会没有贡献就基本没有空间**。西浦有非常明确的育人目标，要培养学生形成素养、能力、知识三个体系，每个体系又包括五个方面，总共是十五个方面，我们有不同的流程支持学生达成这十五个方面的目标。这个体系最重要的是帮学生实现三个维度九个方面的转变，即帮助学生从孩子到年轻人到成人再到世界公民，从被动学习到主动学习到研究导向学习，从盲目学习到兴趣导向再到关注人生规划的转变。这三个维度九个方面的转变是我们帮学生健康成长最重要的方面。

接下来详细介绍一下我们对教育的探索。

首先是要重塑教学。传统的教育模式，老师教、学生学，现在很多大学基本还是这样，未来需要的教育方式不是这样。过去我们是怕无知，现在是知识太多，过去是灌输式的，现在很多学校还依然是灌输式的，当下我们迫切需要探索用什么方式学习和教学。过去我们把学生比喻成为海绵，现在学生很容易变成气球，碰到一个年轻人，他几乎无所不知，但如果深入地讲就讲不下去了，太肤浅，没有整合性知识。如果要改变这种东西，你会发现课堂在学校里面占很小一部分，学校需要创造更丰富的学习过程和方式，才可能培养出来具有知识的宽度、深度、高度的人才。

另外，从教育理念上思考，要实现从专业的整合性思维到专业融合的转变。我们最熟悉的是专业化教育，现在教育部的改革，包括高教改革和高考改革更强调了专业化，实际上可能在导向上有问题。高教有几种：一种可能是职业化教育，强调专业化没错，但是现代社会里面很多人可能不断地改变自己的专业，让学生具有转化专业能力的教育可能更重要。这个时候就不应该过分强调专业化教育了。专业教育，强调 Discipline（学科），重视专业知识教育，比较适合就业教育，但会面临很多挑战。很多学校进行大口径招生，但是现在必须进入某个专业毕业。实际上全世界都在探索这个问题，很多学校尝试跨专业教育，让学生受到更多方面的教育，也更有灵活性。但这个还不够，刚才我讲到跨文化领导力，现在专业知识相对容易掌握，跨文化领导力涉及的能力很难掌握，怎么把这些东西融合在教育过程当中，最后让人们具有跨文化的领导力？这里有一个词非常有意思，叫作“融合”（Syntegration）。我们学校强调的是以学生健康成长为目标，实现以兴趣为导向的专业融合，我们给所有学生两次机会重新选专业，几乎没有限制。我们选专业的时候就像一个市场一样，每个专业都要介绍特点是什么，还要给学生更多的跨专业学习，这对于学校的挑战很大，但为了学生，我们坚持着。另外就是探索学习过程当中跨文化领导力的提升，提倡研究导向型的学习。

什么叫作研究导向型的学习？我们构造的是超现实的学习环境，研究导向型学习帮助学生塑造好奇心，批判思维、创造行为、复杂脑袋和终身学习，这些比学习知识更重要。前几天在景德镇有一个报告会，一个人很好奇，跑到我跟前问："我研究了你们学校，为什么一个文科生最后可以进到理科专业，并且在理科专业发展得很好？"在西浦，文科生为什么可以参加美国数学建模比赛，并且在比赛中获奖？我们的数学建模比赛获奖率名列前茅，但我们从来不筛选让最好的学生参赛，只要有兴趣统统参加，因为我们提倡的是让学生学会解决问题、学会寻找知识、学会应对挑战。通过线上线下资源帮助学生形成一定的整合知识，具有国际视野和全球竞争力。这里有几个融合和超越，包括中西方最优实践的融合和超越、线上线下教育的融合和超越，还有科研和教学的融合和超越。

大学管理的探索也很重要，现在我们坚决不成立学部、不成立学院，西浦构造了一种网络结构。我们强调平台。我们学校的组织架构是一张网状图，完全超越想象，一般的组织架构就是书记、校长、副校长，而我们就是一个无缝链接的平台，所有的学生和老师在上面自由运动。大家想一想，老师知道要干什么，根本不需要谁去指挥，除了教学要协调一下以外不需要指挥，这就是我们的教育体系。架东西方文化、育人理念、教育模式和最优实践的桥梁，架西浦探索与中国制度、文化环境的桥梁，我们在中国环境下做一个大学也有很多的挑战，还要架员工原有的训练和习惯模式与新探索间的桥梁。

实际上，真正发展的是营造一种生态，我们强调三个层级的生态系统，包括物理生态、知识生态和社会生态，怎样共享知识、产生新知、传播新知，学校是社会的一部分，这是我们很重视的。当然，我们还要和地方工业界互动。最后，现在大家都很重视质量控制体系，传统大学重点是在教学环节，严格控制教学过程，但如果教育理念错了，教学过程再严格可能错得更多。在西浦，我们对质量控制体系的理解可能是从育人理念、育人模式、教学的全过程监控，评估全过程，并且构造强大的支持系统，保证教育理念的实现，这样才能实现一个完整的、好的教学质量评估。

西浦大学近十年的探索，包括西浦办学、西浦教育、西浦学习、西浦研究、西浦管理以及学生几个维度的转变等方面。我们已经在办学定位、治理结构、育人模式、师资团队、支撑系统、服务平台、价值观念和社会校园等方面形成了自己独特的看法和实践。

（席酉民系西交利物浦大学执行校长）

□ 陈治亚

以人性化思维推进高校综合改革

很多年前我到德国走马观花的时候到了一所职业技术学院，就有他们国家副总理的儿子在那里学习。当时我觉得不可理解，一个副总理的儿子怎么跑到职业技术学院学陶瓷加工？早些年我去美国也遇到了一件事情，有一天在路上警车呼啸着过来，抓了一个疑似醉驾司机，然后停在路边，怎么界定他是酒驾还是醉驾呢？国内就拿着那个仪器给你一吹，根据酒精浓度在血液当中的含量来判断是酒驾还是醉驾，美国警察抓了以后也是吹了那个仪器，测试结果可能是酒精浓度超过了醉驾的标准，接着警察就要求那位司机双脚后跟挨着脚趾交替沿着一条约 15 米长的直白线（约 20 厘米宽），在路边踩着那条线走。第一次没走好，第二次就踩着白线走过去，只要走过去了，超过了那个酒精浓度也不算醉驾。因为每个人的酒精承受能力不一样，这就是人性化的一种体现。

教育非常重要，人实际上就是动物，又有别于动物，最重要的一点是我们的教育与教化，所以教育改革 30 年对于国家的改革开放、对于整个民族的发展都是极为重要的。所有改革的目的都是推动发展，更好地满足人们日益增长的物质文化需要，任何改革都是对人的利益与关系的调整，因此**只有在对人性充分认识和研究的基础上因势利导，才能有效地激发人的积极性和主动性，构建公平合理的社会（校园）生态环境，才可能使改革达到预期的效果**。高校是培养人的场所，高校推进教育综合改革更要坚持以人为本和人性化思维，改革举措的制定和推进要促进师生的全面发展，要让教育者和被教育者共同满足、享有快乐，这样我们才能使高等教育成为真正提升人的幸福和促进科学进步的事业。从这个角度来讲，我们的改革既是发展的要求，也是问题倒逼的。中国高等教育已经站在了一个全新的历史起点，毋庸置疑，30年来，我国的高等教育取得了巨大成就，但我们必须承认西方有些教育是走在我们的前面，要不然怎么会大多数人都希望把自己的孩子送发达国家去求学，你总不至于把你的孩子送到你认为不好的地方去吧？我们还要理性地承认教育的差距，高等教育改革势在必行。

党的十八大报告指出，以人为本、执政为民是检验党一切执政活动的最高标准；十八届三中全会强调，全面深化改革，必须以促进社会公平正义、增进人民福祉为出发点和落脚点；四中全会进一步强调，保障人民根本权益是法治建设的出发点和落脚点；习近平总书记指出，推进改革要注重实现好、维护好、发展好大多数群众的根本利益，努力使改革发展成果更多更公平地惠及广大人民群众。中央文件及领导讲话精神都强调了以人为本的重要性，高校在深化综合改革进程中，也不可避免地遇到一些关系复杂、难以权衡的利益问题，为什么改、改什么、怎么改、谁来改等，都无法避开“人”这一核心要素。故此我认为，改革是否能以人为本、坚持人性化思维，一定程度上决定着改革的成败。

一、高校综合改革与人性化思维的内在联系

人性的复杂性更在于它不仅具有多维性、多层次，而且还有善恶两种走向。人的自然属性的“本能”是不涉及善与恶的评价的，只有当它作为社会人存在时（社会属性），才会有引导、规范、约束、惩戒及善恶之分。正是人的社会属性使得人性中的欲望除了原有的食欲和性欲，并演变出无数的种类外，新增加了掌握知识、财产和权力的欲望，即对真理的追求欲、对财富的占有欲、对别人行为的控制欲等，归纳起

来就是名、利、权，人的这些欲望是人活动的精神动力，会直接激发人的各种行为。但由于人的这些欲望是无穷无尽、永无满足之时的，因此也会泛滥成灾，祸害别人、社会甚至自己，所以对人的欲望宏观上需要合理地疏导和限制。**人性是最核心的制度倾向以及规则倾向，规则、制度和理性的事物都必须符合人性的要求。**休谟在《人性论》引论部分谈到人性研究的意义时说，它是一切科学的基础和核心，似战争中的攻城略池，只有直捣首都才能制胜。人性化是高等教育管理制度的根基，教育的关键内容是人性化，它应尊重人的个性发展，尽可能解除外来的强迫与控制，强化人的自主性教育，尊重人的天性，尊重人的自主创新思维，促进人才培养质量的提高与科技繁荣。因此，高校综合改革要契合人性发展的轨道，我认为在微观上其依据至少包括以下三个。

其一是趋利（名）避害（恶）。作为人的一种本能，趋利（名）避害（恶）支配着人类的道德判断，是道德判断的核心心理机制。在生理学上，它是人的一种生物本能。避害（恶）使个体的生命得以延续，趋利（名）使个体活得更好。在经济学上，趋利（名）避害（恶）主要体现在价值选择上，人们总是在规避风险的前提下选择能为其带来更大价值的行为，当然不仅限于经济价值，也包括社会价值。心理学研究发现，趋利（名）避害（恶）现象在婴儿时期就已出现，原始的味觉厌恶情绪是人类避害心理的根源，这种厌恶情绪使人免于摄入有毒或有害的食物，保障了原始人类的健康与安全，具有生存适应的价值。

其二是好逸恶劳。麦格雷戈的 X 理论就是把人的工作动机视为获得经济报酬的“经济人”的人性假设，该理论认为人性好逸恶劳，主张采取命令、强制的管理方式。主要观点是：（1）人类本性懒惰，厌恶工作，尽可能逃避；绝大多数人没有雄心壮志，怕负责任，宁可被领导骂。（2）多数人必须用强制办法乃至惩罚、威胁，使他们为达到组织目标而努力。（3）激励只在生理和安全需要层次上起作用。（4）绝大多数人只有极少的创造力。因此管理的唯一激励办法，就是以经济报酬来激励，只要增加金钱奖励，便能取得更高的产量。这种理论特别重视满足职工生理及安全的需要，同时也很重视惩罚，认为惩罚是最有效的管理工具。

其三是喜新厌旧。人总是喜欢新生事物，厌倦陈旧事物，这也是由使用价值的边际效应规律决定的。人之所以“喜新”，是因为新事物往往含有新的信息，比旧事物具有更强的生命力和更大的发展前途，具有更高的价值；人之所以“厌旧”，是因为旧事物的信息随着时间的增长而逐渐消失，其生命力和价值特性逐渐退化。事物的新陈代谢是一个客观的、自然的、不可抗拒的过程，它符合人类生存与发展的客观需要，反映到人的情感上就形成了“喜新厌旧”。人如果没有对新事物的欣赏与喜爱，就不可能推动新事物的发展；人如果没有对旧事物的鄙视和厌恶，就不可能加速旧事物的灭亡。情感规律本身不能区分善与恶、贵与贱，就看人如何去运用它。例如，喜新厌旧规律如果用于改造自然和社会，创造新事物、新环境，就会产生正向价值；如果用以满足个人私欲而不顾及社会和他人的利益，无视自己所应该承担的责任与义务，就会产生负向价值。

马克思曾说过：“人是社会关系的总和”，亚里士多德称：“人是理性的动物”。古今中外，所有的改革都是对政治、经济、文化、宗教、社会等方面的改良革新，其目的是要革除社会制度或事物体系中不符合其发展与内在规律的部分，使之符合新的生产力发展需要，其实质是对“人”的“利益”与“关系”的调整，以达到对人性走向的抑恶扬善。

二、高校综合改革人性化思维的重要性和紧迫感

高等教育人性化是现今世界高等教育的发展趋势，从20世纪70年代初联合国教科文组织提出“学会生存”，到80年代末国际社会提出“学会关心”，都体现了教育人性化的走向。提高高等教育质量是各国提升核心竞争力的重要举措。21世纪以来，欧美掀起了新一轮提高教育质量的浪潮，各大国对高等教育引领创新发展的期盼更加紧迫，更加注重人才培养与时代变化的全方位适应，注重高等教育与经济社会的深度融合，注重提升高等教育国际化水平。**一个单位或者系统的人如果趋利（名）避害（恶）、好逸恶劳、喜新厌旧等倾向得不到正确疏导与规范，积习既久，就可能引起一系列问题，高校更不例外。**我国高等教育发展虽取得了显著成绩，但在软环境建设，特别是在治理架构、人事制度、人才培养机制、科研体制、资源约束上受到的制约与人性化理念缺

席暴露出的弊端和问题，也日益显示出高校改革人性化的重要性和紧迫感。

一是管理制度缺乏人性化。如教学计划管理、学籍管理以及教育评价等制度不具备明显的人性关怀，过分强调集中控制，没有合理地开展针对性较强的柔性管理，没有关注管理对象自身的主观能动性以及个体意志，过多地关注管理制度的刚性约束力，缺乏必要的激励和多样化的引导。

二是运行模式趋于行政化。在现行高校制度体系中，政府行政行为的纵向约束机制结果就是服从，高校变成了行政体系下属的机构，延伸了政府的行政功能，政府决定是否以及如何改善办学条件、调配教育资源、确定办学方向，高等教育缺乏生机，一定程度上造成了千校一面的局面。

三是权利和义务不对等。高校现行的学生管理规定，大部分都详细规定了学校如何行使管理权以及学生应该履行哪些义务，很少规定学生的权利，或者缺乏申诉救济渠道。从现实看，部分高校为强化管理、严肃校纪，在制定处罚规定的过程中未能切实保护学生的合法权益。

四是培养模式僵化。千篇一律的“大一统”教学模式，使学生不能根据自己的兴趣选择专业、选择课程、选择参与各种活动，不了解自己能干什么、能达到什么目标等等，常常“迷失”自我。

五是忽视基础科学研究。将科学研究简单地等同于科研项目，甚至工程项目。在长期以来形成的以量化为特征的科技评价机制下，部分高校衡量科学研究的标准直接与科研项目、经费画了等号，重数量轻质量、重形式轻内容、重短期轻长远，轻视基础理论和纯科学研究，知识创新不足，存在评价方法简单化、评价结果功利化等倾向，一定程度上引发了学术造假和学术腐败；还有部分高校教学和科研发展不平衡，重科研轻教学的倾向比较突出，这些严重影响高校科教结合服务创新性人才培养目标的实现，妨碍高校知识、思想的创新与基础理论的研究。有如美国著名物理学家罗兰（H. A. Rowland）一百三十多年前在《为纯科学呼吁》的演讲中描述的那样：“中国人知道火药的应用已经若干世纪，如果他们用正确的方法探索其特殊应用的原理，他们就会在获得众多应用的同时发展出化学，甚至物理学。因为只满足于火药能爆炸的事实，而没有寻根问底，中国人已经远远落后于世界的进步，以至于我们现在只将这个所有民族中最古老、人口最多的民族当成野蛮人。”这些话真是振聋发聩。当今中国的科学发展与美国当年颇有相似之处。它山之石可以攻玉，我们的高校应该有所觉醒，高校综合改革必须注重促进科学进步，注重提升科研对人才培养的贡献度。

六是高等教育综合改革不等于全面改革，更不能“碎片化”。当前，“改革”是一个高频率的词语，有一些高校干部认为，不“改革”就不能显示出自己的政绩，不能显示出自己有开放的观念。一些改革都是在条件不成熟的情况下推出的，东一榔头西一棒槌，根本没有沉下心系统辩证地思考，跟风，跟着感觉走，今天改革，明天再改革，从来不讲成本，不讲是否造成群众利益损失，在他们眼里，不断“改革”就是他们的政绩。这种改革是假改革，是对真改革的一种严重阻碍。**一些人没有正确认识改革与守成的关系，把改革政治化、意识形态化和绝对化，一味强调改革、否定过去和现在，简单求新，使改革失去基础，根本谈不上从人性的角度去思考**。另外，如果仅仅把改革当作一项常规工作，号召各个部门全面落实，其结果只会使改革大打折扣。综合改革必须围绕人才培养的根本任务，重新调整权力、利益布局，加强顶层设计，综合考虑，整体推进，要坚持问题导向，不能把常规工作当改革，动辄谈改革。

当前，改革人性化思维的缺失还表现在一个认识上的误区，即改革的急功近利。人们总期待一场改革解决所有的问题，甚至有一种“改革派”，将个人意志裹上改革“外衣”，但实质是因为只有改革才能“激活”他手中的权力，只有改革可以使权力“变现”，成为捞取个人或少部分人名利的工具。还有另外一种“叶公好龙型”，整天喊改革，实际上是畏首畏尾，生怕自己利益受损，在改革面前停滞不前等等，表现的是人性中恶的倾向。我们要克服这些浮躁，“深水区”改革不是都能立竿见影的，高等教育综合改革更不能一蹴而就。习总书记就曾指出：“改革开放是一项长期的、艰巨的、繁重的事业，必须一代又一代人接力干下去。”澳门大学校长赵伟先生积其经历及认知，对我讲道：“一所大学的改革见成效一般要 20 年左右。”高等教育改革旨在促成受教育者个体潜能最大化地释放。正如著名心理学家马斯洛所说：“教育的终极目标是帮助人最大可能地实现自己。”高等教育就是要把一个人在体力、智力、情绪、道德等各方面的因素综合起来，发展全部潜能，使他成为一个具有良好素质的、身心得到全面发展的人。高等教育的人性化作为一种充分尊重学生个性和尽可能减少外在控制或强迫的教育，体现了对人的本质天性的尊重。可以说，高等教育的人性化改革是一种无愧于时代、无愧于人的生存本质的一种选择。

还有一点共商：我们体制机制以及教育教学改革，首先要选好“领头羊”，要把大学校长、书记的选拔工作做好，岗位职责规范好，要求他们做好“角色”转换，做中央要求的政治家、思想家和教育家。一个人终其一生能够成为其中一家就不错了，但我们还可以“双肩挑”（在世界其他任何民族都没有听说“双肩挑”的概念，只有肩扛、手提、背负、头顶）。能量守恒，精力总有限，时间都去哪了？其次**要把传统的“教”学生真正变成“育”学生。“育”是什么？就是呵护、关心和尊重他的成长规律，有教育、有塑造、有欣赏、有交流、有尊重，使他们成人。**

（陈治亚系西安电子科技大学党委书记）

□ 徐小洲

挑战与变革：探索全民创业教育新体系

《中共中央关于教育体制改革的决定》（以下简称《决定》）颁布30年来，我国教育改革取得了很多成就，同时，我们可以看到，在发展过程中又产生了很多问题，这些问题是我们在今后30年的改革中要着力解决的。教育发展要面向未来，我们在讨论今天和明天的教育改革与发展，那么，教育改革的关键领域是什么？对我来说，我接触到的关键领域是创业教育。近十几年来，我对国外创业教育体制、政策和实践比较关注。今天，借着这个机会向大家汇报一下对创业教育的看法。我认为，在未来30年，中国要构建探索能适应时代发展需求的教育新体制。重构教育体制的一个非常重要任务是如何把创业教育纳入整个教育体系中，培养国民的创新创业精神。

李克强总理在政府工作报告中提出“大众创业，万众创新”以来，“创业”成为中华大地的热词。对此，人们众说纷纭，有的欢欣鼓舞，认为创业的春天来了。也有的提出创业是不是走过了。我想问的是：如果要形成总理所说的“大众创业，万众创新”局面，其基础是什么？能不能达到这个状态要看我们的发展基础、发展需求，其中关键是我们的创业人才支撑。我们不妨回顾一下《决定》所提的教育改革方向是什么。其核心是“多出人才、出好人才”，这是当初我们为什么要改革的初衷。30年过去了，我们还是希望能够“多出人才、出好人才”，这个方向没有改变。当前，我们要出什么样的人才？时代在发展，我们到了重构教育新体制的时候了。我认为，创业教育是当前教育改革要特别关注的问题。创业教育已被联合国教科文组织称为教育的“第三本护照”。我国创业教育的目标绝非应一时之需，解决就业难的问题。中国创业教育发展要走什么道路？我们要走全民创业教育、终身创业教育、全球创业教育之路。

讲到全民创业教育，首先有必要看一看我们所说的“创业”内涵是什么，我们需要什么样的“创业”。创业主要包括三种类型：创办企业、社会创业、内创业。

首先是创办企业。这是目前人们通常所指的创业，是一种“小创业”。现在，大学生创业掀起了热浪，这是件好事。前几天，我看到一组统计数据：北大、清华、复旦、上海交大学生就业排名第一的单位是企业。我所在的浙江大学，无论是研究生还是本科生，就业排名第一位的单位也是企业，而且占到百分之七十左右。百分之七十左右的学生都在企业工作，还能忽视创业教育吗？不可否认，我们对创业教育是比以前重视了。但同时，我们也不难发现一些问题，如：很多大学生是去创业了，但有的人创业意向并没有那么强烈，是“被创业”；有的高校是在推创业教育，但存在着过度的功利主义倾向。

其次是社会创业。20世纪80年代以来，美国高校非常重视社会创业。近几年，哈佛大学“来自校长的挑战”竞赛中，大部分问题属于社会创业，鼓励哈佛的学生以创业精神解决诸多社会问题。**社会发展到今天，无论是国内的还是国外的，都存在着许多复杂的社会问题，都需要我们以创业精神与能力去解决。这是时代对中国大学生提出的使命。**

再次是内创业。内创业就是以创业的精神和能力推动事业发展。无论你从事什么工作，政治、经济、科技、文化、教育、军事、外交等等，在这个思维下，于是有了政治创业、经济创业、创业人生等等。我们可以看到，各行各业都有很多内创业的名人。古往今来，都由一批创业家带动社会的发展，引起不同格局的变化。成吉思汗就被称为“创业男”。看我们的企业，无论是微软，还是阿里巴巴，都是由创业家推动的。科学领域也一样，钱学森就是中国科学领域的创业家。

我为什么要提全民创业、全球创业？因为**我们创业教育要培养的不仅仅是企业家，而是具有创业精神、创业能力的创业者。这批创业者将开拓未来的辽阔创业世界，这是我们想要做的。**

那么，创业者是如何培养的呢？有的人认为，创业者是由基因决定的；有的人认为，创业者是可以培养的。在座的各位都是学教育的，我们知道，像任何一个职业、任何一项技能一样，创业从不成熟到成熟一定经历了多种因素的影响。在这个过程中，个人选择非常重要。

接下来我想谈一谈国际经验。国外是怎么做的？我这里想举欧盟、美国、加拿大的例子。以欧盟为例，21 世纪以来，欧盟制定出台了“里斯本战略”（2000）、《行动计划：欧洲创业议程》（2004）、《欧洲创业教育的奥斯陆议程》（2006）、《迈向更大合作和一致性的创业教育》（2010）以及《2020 创业行动计划》（2013）等一系列创业教育政策。再看看美国，美国在构建一个终身创业教育体系，既有国家标准，也有实施方案。弗吉尼亚州、加利福尼亚州等颁布了有关创业教育的法律。加拿大也在构建创业教育体系，从幼儿园、小学到中学，都有明确的创业教育要求。可见，欧盟、美国、加拿大都在构建全民创业教育体系。

最后，想跟大家汇报的是我们面临的难题。李总理的政府工作报告十三次提到创业，大家都很受鼓励，也努力在开创创业新天地。但是，我们面临着重重难关。**我这里列出六个问题：观念、传统、环境、平台、师资、课程。诸如此类的问题制约着我们的发展。**比如观念，无论是大学生自己、父母，还是爷爷、奶奶，他们希望你选择什么样的人生道路？如果能够找到好工作，你会选择创业吗？你的父母还会鼓励你创业吗？前两天，我看到了一些创业家的例子，其中一个创业家就说当初父母怎么都不同意他创业。家里这么好的条件，你找什么工作不好，为什么要创业？我们的国家很大，有的地区创业环境比较好，有的地区创业环境还不是很好。从幼儿园到大学，我们的课程体系怎么样？我们在倡导素质教育，很难。即便如此，我们现在所说的素质教育，有多少是和创业素质有关的呢？我们设计的是什么样的成长环境？在这个环境当中，多大程度与创业素质有关？有多少教师是适合创业教育的？去年，我在广州调研，有个大学生问我：“我的老师都不会创业，怎么指导我们创业？”我回答他：“马化腾创业有老师吗？马云创业有老师吗？老师不会教你怎么创业你就不创业了吗？”后来，我又去问校长：学生提出了这个问题，我们学校如何应对？还是任其自然吗？创业有这么大的市场，创业教育有这么大的需求，我们还能无动于衷吗？我们应该让学生自己在创业之海中游泳，还是教师和学生一起在创业之海中游泳？这是值得我们思考的问题。**创业教育是一个庞大的体系，也是一个整体性的改革，不是简单的修修补补就能完成的。**我在《大学生创业技能发展战略研究》一书中提出了大学生技能提升的理论模型，可以供大家参考。

各位同仁，《决定》颁布30年了，我们取得了非凡成就；未来30年，我们怎么办？改革与发展的问题与路径很多。我们不妨想一想有没有必要构建一个全民创业教育体系。如果有必要的话，如何构建这个体系，我们大学怎么办？现在，教育部规定每个学校必须有两个学分的创业教育课程，我们的老师够吗？如果够的话，应该提供什么样的课程？我们应该为学生提供什么样的平台和支撑体系？对大学生创业，政府有关部门出台了一些扶持政策，但目前还没有保障性法律，也没有整体性的国家纲要。有很多问题需要我们共同努力去解决。

（徐小洲系浙江大学教育学院院长）

□ 阎光才

关于高等教育治理体系与能力现代化

1985 年，《中共中央关于教育体制改革的决定》中明确提出：要扩大高校办学自主权，并就高校应该拥有哪些自主权做了原则性的建议。这些自主权包括招生权、学科专业设置权、人事聘任权、经费使用与资源配置权，等等。1993 年的《中国教育改革和发展纲要》明确了高校作为面向社会自主办学的法人地位。随后，1999 年开始施行的《高等教育法》又从法律层面对高校办学七项自主权予以明确的规定。然而，如今 30 年过去了，高校办学自主权落实的情况究竟如何？2014 年，教育部分别出台了《高等学校理事会规程》和《高等学校学术委员会规程》，对高校自主办学的内部治理结构体系提出了相关要求。就在今年 5 月，教育部刚刚又发布了一个《关于深入推进管办评分离　促进政府职能转变的若干意见》的文件。这个文件的出台一方面反映了目前我国教育主管部门对加强高校办学自主权的重视和紧迫程度；但另一方面，如果以一种历史回溯的视角来看，它又表明：**经过 30 年的改革历程，我国高校办学自主权的落实依旧还面临极大的困境，改革的力度、深度和进度都还远远不够，可以说，如何真正落实高校办学**

自主权已经成为推进高等教育治理体系与能力现代化的体制瓶颈所在，也是改革取得突破的关键环节所在。

扩大高校办学自主权的根本目的何在？其实无非就是从体制与机制的改革入手，充分调动高校自主性和积极性，最大限度释放高校以及师生的活力，全面提高我国高等学校办学效益与办学质量，最终实现人才培养、科学研究和服务社会的全面丰收。然而，目前的现实是：即使是通过法律明确下来的高校办学自主权并没有真正得以落实，至少在经验或直观感受层面，无论是高校领导还是教师，似乎都有苦难言。据浙江林业大学宣勇教授对我国“211 工程”大学校长的调查表明，校长们对自我角色的认知是：应该是政策执行者的认同比例仅仅为 8.5%，而 34.2%的人认为他们目前的实际角色就是政策执行者。有人对一省属拥有博士授权点高校 2012 年的行政公文统计发现：当年来自各级政府公文总量 1167 件，其中指令性 521 项，占 44.6%；指导性 259 项；参阅性 387 项。当年接受党政机关检查、考核、评比共 61 项 68 次。在教师方面，2009 年我们对全国 56 所传统研究生院高校教师的调查表明：在众多负面评价中，最为突出的是来自行政压力太大，23.1%的人非常认可所要应付的无关学术杂务太多，非常不认可的比例仅仅为 1.8%。2013 年的新一轮调查表明，超过 35%的人不同程度认为来自行政琐碎事务所带来的压力太大。这些情况都足以表明：如何落实高校自主权，进而落实教师教学与研究自主权，依旧任重道远。在过去改革的 30 年中，关于高校办学自主权，无论是在学界还是在政界，它自始至终都是一个迫切性和热点性的议题。

目前，落实高校办学自主权的主要症结究竟在哪里？其中原因的确非常复杂，**新中国成立以来特有的一管就死、一放就乱的历史教训，政府出自防范和维稳的心态，民间习惯性地把什么责任都推给政府的意识，高校对政府过强的依赖习性等等，都无形中把政府推到了一个承担无限责任但实际上却常常力不从心的位置上。**上述原因存在，再加上自身所固有的行政强势惯性以及出于各种可能存在的部门利益考虑，政府也在收放之间犹疑不定。最终的结果是，政府总在声音上甚至法律中明确放权，在现实中常常却是欲放还收，不敢放、不愿放和不好放；高校想要权，但就是给了一点也未必敢用和愿用，甚至干脆不能用。譬如招生自主权，指标政府控制，选拔方式给开了一点口子，结果又因为太多复杂因素卷入而不愿用；人事聘任权由于编制为政府所控制，高校在用人灵活性上难有所作为。在经费管理与资源配置乃至于高校日常运行的各个环节，政府对高校都采取了按下属部门管理逻辑，各种政策、繁文缛节制度、项目与评估考核在很大程度上限制了高校自主发挥的空间。尤其值得注意的是：1990年后，政府越来越强调引入一种带有市场逻辑的竞争性专项经费拨款制度，为了获得实惠或者为了迎合政府各种评估考核的需要，高校的办学自主乃至教师教学研究自由空间反而被大大压缩。

以上现象表明，即使经过了30年建章立制和始终不乏高调的改革，客观审视目前我国高校的现实，高校办学自主权依旧是一个比较稀缺的资源。正因为如此，在目前中央政府越来越强调治理体系与能力现代化、教育主管部门主动提出去行政化、创建现代大学制度、实现管办评分离的今天，我们似乎尤为必要好好思考基于目前情势，我国高等教育治理体系与能力的现代化的内涵究竟是什么。

所谓治理，简单而言就是一种所谓的多主体参与的共治。它包括两部分内容：外部治理体系与内部治理体系。外部治理体系主要反映的是高校与政府、社会的关系，尤其是政校关系。对于这三者间的关系，我的理解是：政府主要负责顶层设计、制定规划、提供或增加基本投入、订立基本规则和基本准入标准、发布相关信息；社会对高校办学行为、质量和水平参与监督与评价，并以捐资或市场进入等方式为高校提供资源，以参与如理事会架构介入高校的决策；高校实现自主办学与自主管理，但要接受政府的问责和社会的监督，办学信息要尽量面向社会公开。

那么，政府的顶层设计角色是什么？作为行政机构的政府部门不是执法者，而是权力要受法律约束的机关单位。它的角色应该是依照法律制定规划、订立规则、提供经费投入。其顶层设计的价值取向与目的恰恰是为高校自主办学创造一种公正公平的环境，而不是包办、代管和管控一切。政府可以出于特定时期的价值诉求与目的，如扶贫济弱、差异补偿和基于国家战略需要而制定相关政策，但这些非常态的政策要以不替代常态性制度、侵扰高校正常办学秩序为基本前提。顶层设计的另外一层含义是要保持政府宏观层面制度安排的稳定性，淡化部门层面上过多的所谓制度创新，因为越多的制度创新越表明制度的不成熟，也表现出权力的随意性和任性。换言之，顶层设计就是要淡化政府摸着石头过河的意识，尤其在当前改革已经进入了深水区的背景下，摸着石头过河不应该是现阶段以及未来政府改革的基本思路。

与政府的治理思路不同，高校作为自主办学实体，它恰恰需要的是摸着石头过河的创新。高校没有创新就没有活力，也就无所谓多样化与特色。由此而言，**政府的顶层设计是为高校自主探索提供法律、制度和权利保障；反过来，高校的自主探索经验则可以为政府宏观层面的制度变迁提供依据。**

但是，无论政府的顶层设计与宏观指导，还是高校的自主探索与创新，都必须受到法律的约束，前者称为依法行政，后者则为依法治教。依法行政要求政府必须提供权力清单，包括正面清单与负面清单，确定正负清单的依据是法律，要有合法性，即体现所谓“法无规定（授权）不可为”。高校则需要通过制定可操作化而不是象征性和原则性的章程，将高校内部治理纳入规范化轨道，譬如决策层面的理事会和学术委员会制度，议事和工作流程需要细化。高校章程也同样需要对内部行政权力运行列出正面与负面清单，政府放权后的高校行政力量如果失去约束，也同样会给学术活动带来不当干预，甚至损害教师学术自主的权利。须知，**放权高校不是放权给人，而是放权给制度；一旦章程被核准，高校章程的效力应该大于政府部门所制定的规章，高校依照章程自主办学，只要合乎章程而不在法律禁止范围内，高校和教师应有其充分的自由权，即所谓“法无禁止即自由”。**

政府有依法对高校实施问责的权力，但高校也有依法和依章程拒绝不当权力干预的权利。

目前，落实高校自主权最为紧要的事项是：为了切实落实好政府依法行政与高校依法执教的治理理念，首先有必要推动对相关教育法律文件的修订，然后据此对不合法律的相关规章与政策进行清理。这里仅列出以下几个方面。

第一，我国没有《大学法》，而目前的《高等教育法》《教师法》等法律，大多条款太过于原则性，对政府与高校权责的界定不够明晰、具体，也缺乏相关程序规定，有必要进一步补充相关细则以强化其可操作性。

第二，对公立高校举办者与高校间的关系，应该在《高等教育法》

中有更为明确和细致的界定，我认为不应该把该议题纳入高校章程，让高校自己来界定，它想说也说不清楚，或者说不敢说清楚。只有在《高等教育法》中加以明确，章程制定才会有依据。去行政化的根本在于高校被纳入政府下属部门化管理逻辑，这个关系理清楚是前提。

第三，对于目前高校多头管理、干预太多所带来的自主权落实困境，有必要在《高等教育法》中对相关事项的部门归属与权力界限予以明确界定，譬如大笔的财政预算、专项经费拨付等，究竟由谁决定，法理依据在哪里？是否需要对不同部门权力的自由度和裁量权予以界定和限制？高校婆婆多已经是公认的事实，不仅有教育主管部门，还有如劳动人事、财政、发改等多个部门，即使在教育主管部门内部，也存在多个部门之间权力交叉重叠与权责不符现象，这些问题是否也可以通过修法甚至成立一个协调机构来解决。

第四，目前推进管办评分离是落实高校自主权的一个重要方向。但是，评也要有法律依据。谁来评，它与政府间是一种什么关系，评估机构的身份、资格认可、权限、程序以及相关惩戒机制是什么？这些都需要在法律中予以明确。我的理解是高校设置基准可以归政府，专业组织负责学校与专业认证，是底线评估，水平评估由多样化的各类机构来参与，但作为政府资源配置的依据需要慎重。要防范可能出现的滥评和胡评以至于影响高校正常办学秩序的现象。

第五，法律有必要对政府相关政务、高校的校务，哪些内容必须公开予以清晰说明，因为阳光与透明是最好的监督。

第六，《教育法》《高等教育法》《教师法》《学位条例》以及高校章程，它们之间究竟是什么关系？在法律完善且有效的环境中，常规逻辑是自上而下。但是，鉴于目前我国现实情况，我倒觉得不妨也可以走走自下而上的线路。章程制定要体现高校作为学术组织的运行规律、高校内部学术活动的规律。如果上位法中存在不合高校办学规律之处，就需要通过反溯来加以修订。

最后想说两句：一是无论如何，这些年来，至少在高校办学自主权立法方面，应该说已经取得了一定突破。现在强调对当前的法规与制度框架予以修订，目的不是扩权，而是如果能够把已经明确的权力真正落到实处，就已经是最大的成就。当前最为紧迫的或许还真不仅仅是法律问题，而是如何克服政府不愿放和不敢放、高校不敢用或不愿用的问题。**解决的根本在于政府要做减法，放权卸责，高校要做加法，增权并细化责任体系。社会则也要有一种理性态度，加强监督，不要把什么板子都打到政府身上，放权后高校就应承担起所应该承担的法律与社会责任。**

二是目前公办高校发展所面临的最大困境就是体制约束所带来的活力低下，那么，我们有必要考虑一下，放权可能带来的最坏结果是什么？我相信一点，**放权给学校，学校之间的水平或许出现更大的分化，甚至出现一定的失序，但这种分化也可以理解为多样性，可以容忍的失序是创新所必须承受的代价。**相信其中有部分公立高校可能真正成为名副其实的世界一流大学，也可能有些因为办学水平低下而濒临破产。但是，办学自主的目的也在于此，赋权也就是赋以责任，做到权责相符，如此，高校才会有压力有动力根据自己的条件来明确定位，形成特色。现在所谓分类指导的困局，也就自然得到破解。

不容否认，真正要落实高校办学自主权，我们还将面临很多困境，但是，如果不在基本制度上取得突破，我国高等教育质量的整体提升与结构的合理调整就难以达到理想目标。如果一定出于审慎的考虑，不妨让除了清华、北大之外的更多有条件高校先行先试，在总结经验基础上，有步骤地次第推开。

（阎光才系华东师范大学高等教育研究所所长）

□ 沈 健

江苏统筹高等教育改革发展的实践探索

江苏是高等教育大省，无论是规模数量、普及水平，还是发展质量、社会影响都位居全国前列。我省在贯彻好国家区域高等教育发展总体战略的前提下，紧密结合江苏实际，省级层面注重在“五个统筹”上下功夫，有力推动了全省高等教育事业又好又快发展。

一、统筹推进高等教育和经济社会协同发展

高等教育是改革发展的人才库、科学技术的创新源、思想文化的集散地，在经济社会发展全局中具有十分重要的地位和作用。我省坚持以高等教育发展支撑和引领区域经济社会发展，同时在强化服务和提升贡献中开辟高等教育自身发展新空间。**一是提升人才培养“契合度”**。积极对接经济社会发展需求，努力优化学科专业结构，从 2010 年起实行江苏省高校毕业生就业、预警、培养质量、重点产业人才供应及专业和行业吻合度统计公告制度。近三年全省高校新增

与战略性新兴产业领域相关的本科专业232个，占新增本科专业总数的72%。高职院校现有农科类、工科类、服务业类专业点比重（3：52：45），与江苏省第一、第二、第三产业占GDP比重大体一致（6：51：43）。积极创新人才培养模式，通过组建校地、校企教学联盟，共建教学实验室、企业研究生工作站、博士后流动站等创新载体，以及订单培养、顶岗实习、工学结合等形式，推进高校同政府、行业企业、科研院所协同育人；建立南京仙林、常州、徐州、淮安、盐城、南通等六个高校教学联合体，共同制定人才培养方案和课程标准，实行学分互认、教师互聘、课程互选、教学资源和实习基地共用，有效促进了高校人才培养链与行业产业链的对接。**二是提升科学技术“创新度”。**充分发挥高校创新源头作用，积极服务区域创新体系建设。近五年，全省高校科技创新成果产出取得历史性突破，共有2129项科技成果获得省部级以上科技成果奖励，其中获国家奖157项，获奖数量占全省获国家奖总数的一半以上，占全国高校获奖总数的15.1%；获省科技进步一、二等奖238项，占总数的61.5%。目前，发明专利拥有量近1.6万项，超过全省总数的1/4。2014年获国家科学技术奖32项，主持完成17项（均为全国第二），其中自然科学奖3项（占全国高校的10%），技术发明奖8项（占全国高校的21%），科技进步奖6项（占全国高校的11%）。建有国家级大学科技园15个（全国第一）。积极支持高校参与新型研发机构建设，加快科技成果转化。地方政府、科技园区与省内高校共建新型研发机构80个，占总数的36%。省重大科技成果转化项目中，成果源自省内高校的占34.2%。2013年启动实施高校协同创新计划，目前已确定立项建设59个省协同创新中心。在国家首批确定的“2011计划”14个协同创新中心中，江苏有3个，第二批中我省有2个，总数达5个（全国第二）。**三是提升服务发展“贡献度”。**坚持社会需求导向，开展多种形式的政产学研合作，确定566个面向江苏战略性新兴产业和支柱产业的重点专业，近三年全省2500多个学科团队与省内近万家企业结对合作，科技成果转化数达3.2万项，对外签订技术服务合同4.7万项，成交金额达150多亿元。2014年全省高校科研经费总数达141.8亿元，其中受江苏企事业单位委托研究的占40%。充分利用高校教育资源，积极参与文化传承创新，推进学习型社会建设，高校思想库和智囊团作用得到进一步发挥，贡献了全省80%的哲学社会科学成果。

二、统筹推进不同区域高等教育联动发展

针对苏南、苏中、苏北地区高等教育发展不够平衡的实际，我省着力推进苏南高等教育提升和苏中、苏北高等教育振兴，促进区域高等教育协调发展。**一是建设苏南高等教育现代化建设示范区**。苏南地区文化历史底蕴深厚，教育综合实力和整体水平领先全国、全省其他地区。2013 年上半年，省政府在苏州召开了全省教育现代化建设推进会，并与教育部签署了全国第一个部省共建教育现代化试验区协议。根据江苏教育现代化的实施意见和指标体系，结合贯彻《苏南现代化建设示范区规划》，我省对包括高等教育在内的苏南教育现代化示范区建设进行了部署，启动实施一大批重大专项和重点工程项目，加快建设一批综合性、研究型、开放式的一流大学和特色鲜明的高水平大学，确保区域高校综合发展和社会服务水平保持全国领先地位，力争一批优势学科和大学跻身国际前列，成为培养和造就一流人才的摇篮、知识技术创新和成果转化的中心以及推动文化大发展大繁荣的基地。**二是实施苏北、苏中高等教育振兴计划**。实施区域高等教育共同发展战略，对苏中、苏北地区在培育高等教育新的增长点时优先考虑，新增立项建设的博士、硕士单位优先扶持，在学科专业、招生计划、科技平台和项目、师资队伍建设等方面予以倾斜。重点支持一批有特色的苏北、苏中高校改善办学条件，提升综合实力。加大苏南和苏北、苏中结对帮扶、对口支援力度，省教育厅与宿迁、淮安、连云港等地人民政府签订了合作共建协议，加大力度支持包括高等教育在内的苏北各级各类教育发展；结合苏北区域经济社会发展需求，推动河海大学与淮海工学院、江南大学与徐州工程学院、南京师范大学与盐城师范学院、苏州大学与淮阴师范学院、南京工业大学与淮阴工学院、江苏大学与盐城工学院对口支援。苏南和苏北、苏中高校合作培养研究生规模不断扩大，有力推动了苏中、苏北地区高等教育协调发展。**三是完善高等学校区域布局**。根据国家和区域发展战略、产业人口以及高等教育资源分布状况，不断优化和完善高等学校区域布局，新增高校重点考虑苏北、苏中地区（“十二五”以来全省新增 5 所普通本科高校，其中 3 所在苏中、苏北），目前全省各省辖市

均有独立设置的本科高校办学，国家或省示范性高职院校均有布点。支持有条件的独立学院从大城市、中心城市迁址中小城市办学，先后推动南京中医药大学翰林学院和常州大学怀德学院迁址泰州、南京邮电大学通达学院迁址扬州、南京医科大学康达学院迁址连云港、南京林业大学南方学院迁址淮安、江苏科技大学苏州理工学院迁址苏州、南京师范大学中北学院迁址丹阳办学，为服务当地经济社会发展提供了人才支撑，同时拓展了独立学院办学空间。

三、统筹推进不同类别、层次高校科学发展

目前江苏 137 所普通高校中，有本科院校 51 所，高职高专院校 86 所，另有独立学院 25 所。我们注重强化统筹协调，加强分类管理，资源配置上努力做到既突出重点又兼顾各方，推动不同层次、类别高校科学合理定位，错位特色发展。**一是统筹不同类型高校发展。**通过实施省部共建、省市共建、厅际共建等，推动部属、省属、市属和行业属高校优势互补、共同发展，省政府与教育部、财政部等国家部委和行业企业共建 13 所高校。省教育厅与苏州市政府共建苏州科技学院、常熟理工学院，与常州市政府共建常州大学。针对研究型大学、教学研究型大学、教学型大学、高等职业技术学院等不同类型的高校，指导学校找准自己在国家和省高等教育体系中的位置，确定科学的发展目标和思路。积极推进高水平有特色大学建设，在省委、省政府的领导下，与相关部门落实安排“985 工程”三期配套资金 18.6 亿元，支持南京大学、东南大学两所高校创建世界一流大学；支持“211 工程”高校及其他有条件的高校建成国际知名、国内一流的高水平大学；支持建设一批国家和省示范（骨干）高职院校。**二是统筹公办、民办高校发展。**把民办教育作为推进教育事业发展的重要增长点，积极优化政策环境，鼓励支持民间资金以多种方式投资、捐资办教育，同时积极搭建公办和民办高校平等发展平台，在招生录取、教学科研项目评审、评先评优等方面平等对待并适当予以倾斜，创新方法解决非营利性学校的事业法人问题，形成了公办、民办高等教育协调发展的局面。目前，江苏共有民办普通高校 54 所（其中独立设置民办普通高校 29 所，独立学院 25 所），民办机

制高校在校生接近全省普通本专科在校生总数的 23.9%。**三是探索建立高校分类体系**。学习借鉴国际上尤其是美国加州发展高等教育的经验，提出了以最高学位授权为标准，将高等院校分为具有博士、硕士、学士学位授予权的高校和高职高专院校四种“基本类型”，并尝试性地提出了不同的定位和发展重点，如具有博士和硕士学位授予权的高校着重培养高素质创新型人才、发挥高校创新源头作用、提升服务经济社会发展贡献度；具有学士学位授予权的高校着重培养高素质应用型人才，彰显办学特色，增强服务区域和行业发展能力；高职高专院校着重培养高素质技术技能型人才。目前，我们正在研究制定高校分类评价体系，引导高校在不同层次、不同领域错位发展、同类竞争、办出特色、争创一流。

四、统筹推进高等教育规模、结构和质量协调发展

江苏高等教育经历了“十五”时期大扩招和“十一五”时期大建设阶段，“十二五”以来我们坚持以提高质量为核心，从注重扩大规模、建设硬件向更加注重内涵建设转变，引导高校走科学发展、内涵发展、特色发展道路。**一是稳定发展规模**。在高校数量上，认真落实高校设置“十二五”规划，严格执行设置标准，控制新增高校数量，基本形成层次衔接、规模合理的高校布局体系；在学生数量上，统筹考虑人才培养需求、高等教育生源变化、高校办学条件和培养能力等因素，逐校核定了“十二五”事业发展规模，目前正在科学制定“十三五”规划，引导高校稳定现有规模；在基本建设上，严控新增基本建设投入，新增教育投入主要通过大幅度提高生均拨款水平和有重点安排重大项目等方式更多投向高校内涵建设。**二是优化人才培养结构**。在稳定规模的同时，新增高校事业规模重点向高层次创新型和应用型、复合型、技能型人才倾斜，积极发展研究生教育，目前我省普通高等教育在校研究生和本专科生结构比例接近 1∶12。积极推动研究生培养类型结构从以学术学位为主向学术与专业学位协调发展的转变，2013 年专业学位与学术学位硕士生比例为 3.5∶6.5，2014 年专业学位硕士招生计划数占硕

士研究生招生计划总数的 42.6%。优化发展高等职业教育，稳步扩大本科教育规模，目前高职高专和普通本科在校生比例为 1∶1.5。**三是提升教育质量**。通过实施优势学科建设工程、教学质量提升工程、卓越人才培养计划、大学生创业教育工程、研究生培养创新工程等，有力地提升了高等教育质量。在 2014 年全国职业院校技能大赛中，我省高职组获 45 金、47 银、26 铜，实现六连冠。在今年国家高等教育教学成果奖评选中，我省普通高等教育和高等职业教育获得一等奖以上奖项 15 项，全国第一（北京第二、上海第三、浙江第四）。从 2010 年起，省财政每年投入 10 亿元组织实施江苏高校优势学科建设工程，两期建设项目 259 项，其中一期项目 122 个立项学科进展顺利，财政投入和自筹经费累计达 51.1 亿元，并取得了一系列标志性成果：江苏有 19 所高校的 70 个学科领域（指 ESI 学科领域）进入 ESI 数据库前 1%；全省高校现有国家一级学科重点学科 29 个、二级学科重点学科 64 个，国家、省、校三级重点学科体系基本建成；在全国学科评估排名中，全省高校有 13 个一级学科位列第一，占全国的 11.3%。近五年，江苏高校共获得全国优秀博士学位论文 57 篇，入选数量占全国总数的 12%以上。

五、统筹推进高等教育创新发展

江苏是国务院确定的高等教育综合改革试点省份，2011 年省政府和教育部签署了共建国家高等教育综合改革试验区协议。随着高等教育综合改革的难度和复杂性不断加大，我们着眼办好人民满意的高等教育，通过强化统筹、改革创新、扩大开放，不断提升高等教育办学水平。**一是大力推进高等教育改革**。认真贯彻落实党的十八届三中全会精神，全面深化教育领域综合改革，激发高等教育发展活力，提升高等教育发展水平。扎实推进高等教育综合改革试验区建设，着眼把我省建成高等教育深化改革的先导区、科学发展的示范区、现代大学制度建设的先行区。加快转变政府职能，下放一批审批权，高校办学自主权不断扩大。全省共有 83 所院校承担了综合改革试点任务，覆盖面超过 60%，各院校在人才培养、科学研究、社会服务等多试点项目上积极探索，取得了阶段性重要进展。建设现代大学制度，加快大学章程建设，积极探索教授治学的有效途径。推进办学体制改革，形成了常州科教城、苏州独墅湖科教创新区等“区校一体”的办学新体制。推进学分制改革，强化教学联盟和职教集团建设，启动中高职、本专科贯通的技术技能型人才培养改革试点。深化考试招生制度改革，11 所省属本科院校在省内进行综合评价录取改革试点，70 所高职高专院校开展“注册入学”试点。**二是积极推动跨省高等教育协作发展**。根据国家统一安排，认真落实对边疆民族地区的教育支援任务，支持中西部地区高等教育发展。同时，积极推动建立跨省合作的高教发展机制，江苏同上海、浙江、安徽等地建立了长三角教育联动机制，共同搭建了面向全国乃至世界的教育合作平台。从 2012 年开始启动实施长三角高校“交换生计划”，努力做到同类、同层次高校课程互选、学分互认、教师互聘、资源共享。**三是全面提升国际交流合作水平**。积极开展多层次、宽领域的国际交流与合作，努力提升高等教育国际化水平。一方面，更高水平“引进来”。吸引具有世界一流学科和师资的大学来江苏合作办学，教育部与苏州工业园区签约共建全国首个高等教育国际化示范区——苏州独墅湖高等教育国际化示范区，武汉大学与美国杜克大学在江苏省昆山市设立昆山杜克大学，东南大学与澳大利亚蒙纳士大学建立苏州联合研究生院，中国人民大学与法国巴黎索邦大学等三所大学在苏州建立中法学院，西交利物浦大学开展了研究生层次培养。目前全省经教育部批准和备案的中外合作办学机构和项目共 316 个，位列全国第一。不断扩大外国留学生规模，来苏留学生数量以年均 10% 的速度递增，目前已近 3 万人。另一方面，更加积极“走出去”。组织实施赴境外办学、公派留学、教师海外培训、大学生境外学习等项目，年省财政投入达 1.1 亿元，每年约有 1.8 万名教师、学生在境外交流。江苏海外孔子学院达 29 所，遍布五大洲，孔子学院奖学金生数量居全国前列。12 所高校每年派 100 多名国际汉语教育专业毕业生赴国外担任汉语教师志愿者，扩大了江苏高等教育的国际影响力。

2014 年 12 月 13 日至 14 日，习近平总书记在江苏视察并发表重要讲话。总书记要求江苏发扬好传统，办好人民满意的教育，把立德树人作为教育的根本任务，全面实施素质教育，注重培养学生的社会责任感、创新精神、实践能力，培养德、智、体、美全面发展的社会主义建设者和接班人。促进教育公平，合理配置教育资源，实现城乡区域教育均衡发展，让每个孩子都能成为有用之才。总书记系列重要讲话，是当前和今后一个时期江苏教育事业改革发展的根本指引和力量源泉。我们将认真贯彻落实党的十八届三中、四中全会和习总书记系列重要讲话精神，进一步加大省级统筹力度，以立德树人为根本，以学科建设为龙头，以提高质量为核心，以深化改革为动力，以扩大开放、提高国际合作交流水平为重要发展路径之一，以教育信息化为突破口，以建设高素质教师队伍为关键，以探索建立中国特色现代学校制度、营造健康向上的校园文化和加大教育投入为保障，创新体制机制，探索形成具有中国特色、江苏特点的高等教育体系，着力建设结构更加优化、体制更具活力、质量更有保障、服务更富成效、人民群众更加满意的高等教育。

（沈健系江苏省教育厅厅长、省委教育工委书记）

刘希平

选择性教育思想在浙江的思索和实践

改革，一直是浙江教育发展的主旋律。这些年，我们重点深入推进了大中小学课程改革、考试招生制度改革、教师培训制度和交流制度改革、学生综合素质评价制度改革、转变教育行政管理职能改革。

在深入推进的这些改革中，我们大都贯穿和体现了一个我们认为很重要、很基本，也很浅显易懂的教育思想——选择性教育思想。我们认为，**最好的教育是适合学生的教育。而适合学生的教育，只有在被教育者、教育者的不断选择中才能发现、才能实现。兴趣是最好的老师，志向是最持久的学习和进步动力，而兴趣、志向只有在选择中才能发现和确立。**生活中，当一个人说他的学习是为了兴趣和志向，那这个人的学习动力一定是发自内心的强大，他的学习即使再苦也不累，会很快乐，学习成功的概率会很高。

贯彻选择性教育思想，我们尽最大努力在大中小学减少必修课，增加选修课，实行选课走班。不仅选修课实行选课走班，连必修课也鼓励推行分层式选课走班。我们规定，选修课比例普通高中不低于 1/3，职业高中不低于 50%，小学达到 15%左右，初中达到 20%左右，大学超过 50%。全面深化课程改革，

2012年，我们首先从学习压力最大的普通高中抓起。目前，浙江普通高中学校已全面建立知识拓展、技术技能、兴趣爱好、实践研究四大类选修课程体系，选课走班已从选修课扩大到必修课。

基于课改的成功实践，去年我们又把选择性思想进一步应用于高考招生制度改革，鼓励学生从选课走到选考，实行“7选3”，赋予学生35种高考科目组合选择权。有人说，浙江的高考招生制度改革方案太复杂，其实只要理解了选择性教育思想，了解了浙江的普通高中课程改革，就能很容易弄懂和理解我们的高考招生制度改革方案。

我们还把选择性教育思想用于教师培训和教师交流，用于学生的综合素质评价，用于教育行政部门转变职能。目前，在浙江，中小学教师对培训有着很大的选择权，什么时间培训、在什么地方培训、培训什么内容，教师都有着比较充分的自主选择权。学生综合素质评价等级划定，学生互评占到70%权重。在争取相关部门支持下，我们从去年开始把教师职称评聘权完全下放给了各高校。高校专业设置，省级层面的审核权也已下放给了高校。当然，在放权的过程中，相关的监督权也得到了进一步完善。

贯彻选择性教育思想，我们的理想是，努力把更多的学习选择权交给学生，把更多的授课权交给教师，把更多的教育权交给学校，让教育的内在发展活力更充分地涌流和迸发出来。

我们正在向理想目标推进。应该说，随着选择性教育思想日益为社会所认同，这些年，浙江教育改革不仅步子迈得很大，而且已经取得了许多明显成效。最大的成效是，学生学的积极性、教师教的积极性、学校办学的积极性都大大提高了。还有人民群众对教育的满意度也不断提高了。

改革没有平坦的路子可走。事非经过不知难。真正的改革势必触及灵魂、触及利益，这些年推进改革有时遇到的困难和压力像山一样重。但改革更是一个时时让人激动不已、催人奋进的话题。因为唯有改革，中国教育、浙江教育才有光辉灿烂的前景。我以为，今天我们纪念《中共中央关于教育体制改革的决定》颁布30周年，最好的行动就是毫不犹豫地投身改革，包括给改革者更多的宽容。

（刘希平系浙江省教育厅厅长）

□ 张民选

开放让我们从追兵向标兵迈进

《中共中央关于教育体制改革的决定》（以下简称《决定》）告诉我们，“建国以来，我国教育事业的发展走过了曲折的发展道路”，“‘文化大革命’更使这种‘左’的错误走到了否定知识、取消教育的极端，从而使教育事业遭到严重破坏……并且使我国教育事业与发达国家之间在许多方面本来已经缩小的差距又拉大起来”。这段话告诉我们，那时中国成了追兵。面对这种情况我们怎么办？邓小平同志告诉我们有办法，“三个面向”：面向现代化、面向世界、面向未来，我觉得这不仅是一个发展方向的指引，而且告诉我们该怎么做。这份《决定》还告诉我们，应该“对外开放”“对内搞活”，这是一个好办法。以后各种各样的民办学校、多元地投入资金都出现了对内搞活，开放是向世界各国开放，我们走出去向别人学习。这还不算，还要进行“体制改革”，改变我们的教育教学方法，达到多出人才、出好人才的目的，这是“追兵”的由来。

那怎么追呢？20 世纪 80 年代到 90 年代，因为我们要进行教育体制的改革，因此那个时候的报纸杂志上大量介绍的是世界各国先进的教育体制。教师要评职称、要有学位，所以有教师职称职务评定和管理的制度；民办教育要兴起，义务教育要普及，需要有规章制度、法治来保障，从而促进了我们国家在体制改革和结构调整当中有一个正确的方向，也有很多新颖的办法，而且步子走得很稳。到了 90 年代体制改革以后教育就一夜之间变得很完善了吗？不行，人们发现体制改变以后要改革课程，不改革课程人们还是用老的方法、老的课程去培养人，即使体制比较宽松仍然不能做好。这个时候我们大量引进课程教学理论，各位肯定会想到钟启泉老师的《课程论》，以前研究教学大纲很少说课程，这个时候大量的课程理论已经来了，使得我们形成了新的课程理念、新的人才培养模式和新的教学方法，也为我们提供了大量新鲜的思想、经验和实践。课程改革了，教育是不是就没有发展障碍了？我们忽然发现钱不够，于是要解决钱的问题，研究各国穷国办大教育或者富国办大教育，怎么富起来？于是我们大量地研究各国的教育经费保障和多元投入机制，大学生上大学了，如果上不起大学公平还要吗？当然要，学生要收学费，所以我们借助了很多机制资助学生，同时直接由世界银行等国际组织给我们贷款，让我们高等教育能够尽快实现现代化，让我们在贫困地区的教育能够有所发展，帮助我们克服高等教育规模大、资金不足、贫困生多的矛盾。

到了新时代，WTO 来到我们的面前，我们怎么在教育国际化和教育服务贸易这样的背景下建立新的机制？外国人可不可以到中国来办学？在什么情况下说 Yes？在什么情况下说 No？因此我们才有了宁波诺丁汉大学和西交利物浦大学，还有上海纽约大学，中外合作办学的事业兴起，进一步推动了我们的出国留学和来华留学。新时代有了新武器、新手段，IT 技术出来了，所以大量的研究人员在学习研究新的现代技术，用新的科学试验的办法培养我们的创新型人才。MOOC 也好、创新人才培养也好、第五代实验室也好，都与新的方法联系在一起。今天还有一个重要的办法去衡量我们的改革与发展，就是看只是纸上谈兵，还是真的改变了我们的教育现实。要用新的办法来评价教育实践，于是各种教育评估的理论到了我们身边，我们不仅去学习外国的教育理论，也直接参与国际的教育评估实践，我们尝试与国际标准接轨，促进我国建立多元的现代教育评价体系，在这样的基础上使我们的教育质量、使我们的教育公平、使我们的教育现代化能够再上一层楼。

我们也在这个过程当中学会了在证据和信息的技术上制定我们的教育政策，正因为这样的努力，改革开放30年我们已经初见成效，因为我们花了很多成本，没有一个国家像我们有这样大的成本。我到美国去的时候一位美国教育部高官问我，什么是教育“开放”？我说你不是说我说英语很好吗，但我不是说英语，而是用英语，要是叫我举例子，我可以说，今天中国全国的小朋友都在学外语，学英语的尤其多，美国毫无疑问是母语用英语人口最多的国家，但说不定我们学英语的人口比他们说英语的人口还要多。这就是我们“开放”的气魄，因为我们希望学习新的东西。上海也为了学习新的东西看一看我们在世界的坐标当中基础教育发展得怎么样，参加了2009年和2012年的PISA，并在阅读、数学和科学三大领域都获得了第一。从2012年和2009年的数据来看，我们都把第三名远远抛在后面。世界各国都想来上海学习，这就是一个成效。不仅如此，不只是成绩好，中国还是死记硬背吗？这是PISA告诉我们的，如果用OECD发达国家指数作为零的话，死记硬背的策略高于欧洲的平均值，但我们概括文章的策略远比其他国家用得好。英国的数学教师来到上海学习以后也发现自己才是死记硬背，他们说你们有特殊的特长，小步走、多变式，也就是可以举一反三。国际的文件说上海学生的记忆力指数是-0.07，死记硬背小于欧洲的平均值。我们经常讲这些精致策略，我们的策略比其他国家用得好，这是我们没想到的，我们的教学方式和学习方式在30年的过程当中也变化了，不仅是基础教育，高等教育不是如此吗？2000年我国学者与美国学者合作撰写的SCI论文为2080篇，2003年上升到3700篇，2010年上升到5959篇，那是我们的学者作为一个团队的参与者和其他国家的合作者，更重要的是10年以后我们作为第一作者的论文大量产生，这是30年前我们不敢想象的，应该说初见成效。

当然，我们的路还很远，其他国家都来学习了，这对我们来说是新的压力。《世界是平的》作者弗里德曼（Thomas Friedman）在《纽约时报》上面登了一篇文章，题目叫作 *The Shanghai Secret*，介绍了上海PISA成功的秘密。英国的教师到上海来学习，请我们为他们做培训，并邀请我们的教师去英国上课。袁部长和刘部长给我批示，这是我国第一个由发达国家出资与发展中国家之间的教师互派项目，该项目充分展示了上海基础教育的特色和优势，是我国基础教育由追兵向标兵迈进的成就之一。希望基础教育和教师工作关注该项目并及时推广。今年英国教育部长在年初1月22日向英国人的讲话当中用了一个标题叫作“以世界的证据来推动教育改革”的报告，在结论部分他一开始就说按照上海师大张教授的说法，**“最好的改革是在国际多棱镜中看待自己本国的教育”**。这说明中国的教育走向世界，通过开放来改革自己的教育也被世界认为是一条路。

真要成为“标兵”我们任重道远，还有很多事情要做。对待PISA，我有三个基本想法。阅读、数学和科学是基础教育的重要组成部分，但远非基础教育的全部。每一个国家都希望培养负责任的公民，每个家长都希望自己的孩子能够充分发挥个人的潜能，但PISA没有测。上海是中国的重要城市，但不是典型的省市，全国如果都测，成绩可能会降下去，因为我们国家发展不平衡。基础教育是教育的组成部分，但远非教育事业的全部。高等教育领域如果排一百强，五十强左右在美国，三十强左右在欧洲，亚太地区有二十强，中国大概三五强。职业教育当然是德国、瑞士、荷兰、澳大利亚发展得比我们好。终身学习的浪潮已经来到了我们的面前，但我们才刚刚起步，难道不是任重而道远吗？就是在已经改进的领域当中我们仍然存在巨大的问题，在自我控制领域、创新精神和能力方面，我们的Index还是不行，自我控制的学习能力仍然是负百分之二十八。我们的老师都很好，天天喊“跟我学明天就考一百分”，如果把所有的时间都占掉了，孩子怎么自主学习？怎么学会自我控制？未来对于他们来说这太重要了。

因此我觉得我们的未来将是这样，我们会建设一个人力资源的强国，创造一个新兴的国家，但中央已经提出新的要求，不仅只是引进来，还要走出去。党的十七大和十八大报告说中国的事情要办好需要统筹国际国内两个大局，我们要运用我们的规划纲要和“十三五”的规划，教育部国际司也在制定“十三五”的规划，我有幸参与其中。最重要的是服务整个国家的战略，引进优质资源，对内要促进改革发展，还要提供多元服务；对外要传播中国经验，提供教育服务。当然，我们在这里要做很多的事情，随着自己与发达国家的距离越来越小，很多事情将越来越敏感。如果我们要引进新的技术，别人说你会偷窃；你要引进人才，别人会禁止；你要去学习，别人会把你抓起来。如果想在国际组织有发言权，我们能不能参与到里面？据我所知，联合国教科文组织可以有三十个左右的雇员，但今天我们只有九个，我们要加速培养我们的国际组织人才，仍然要学习世界各国的先进东西，说不定也要用好“一带一路”，不仅是让中国人民富起来实现我们的梦想，还要让大家都欣赏中国的教育经验，说不定也可以帮助其他的发展中国家，让他们也有更多的人就业，生活得更加幸福，这真的是有比过去 30 年更长的路在我们面前。

（张民选系上海师范大学原校长）

□ 张志勇

从集权治理走到分权治理，重构我国教育治理体系

谈到 30 年前的《中共中央教育体制改革的决定》（以下简称《决定》），我印象深刻，那一年是我大学毕业走上教育研究的一年，我大学毕业就学习和贯彻《决定》，我在《教育研究》发表的第一篇文章，就是《教育改革要着眼于提高人的素质》，可以说那篇文章和这个《决定》影响到我至今几十年的工作，使我对教育的本质和教育到底承担什么样的使命进行思考。我对教育体制改革的《决定》另外一个感受是什么呢？中国 30 年的教育，应该说我们发展得益于体制改革的《决定》，我们自上而下推动中国教育改革发展，最大的成果就是今天上午钟会长讲的，我们教育不再是稀缺的教育资源。但是**由于我们自上而下体制的僵化，中国当前教育面临的一系列重大问题又回到体制上来**。所以我今天汇报的题目是“从集权治理走到分权治理，重构我国教育治理体系”。

首先要深刻认识当前国家教育管理体制的弊端；其次要重构我国纵向教育治理体制；最后要重构我国横向教育治理体制。在这样一个基础上，要重构我国

教育治理体系。

我们国家是一个什么样的教育管理体制？我们的教育法讲得很清楚，政府是在行政部门领导下来实施教育管理的，国务院教育行政部门主管全国教育工作，统筹规划、协调管理全国的教育事业，县级以上地方各级人民政府教育行政部门主管本行政区域内的教育工作，县级以上各级人民政府其他有关部门在各自的职责范围内负责本区域教育。我国教育人事权、财政权、事务权高度分割，我们的教育人事权不在教育部门，在编制部门、在人社部门，我们的教育财政权不在教育部门，在哪里呢？在国家发展改革部门和财政部门。

在高度分割之下形成了高度集权，教育人事权教育行政部门是不能插手的，教育财政权教育财政部门是插手不了的，是高度集权的管理体制。在我们国家，教育一旦出现问题，人们首先责问的是教育行政部门，其实各级教育部门对教育事务的管理权有限，我们常常代人受过。**在组织、编制、发展改革委、人社、财政部门面前，教育是一个弱势部门，其根本原因就在于教育事务管理方面形成了高度集权管理模式，教育部门没有相应的发言权，这种高度分割又高度集权的管理体制，已经成为我们国家教育生产力解放的最大体制障碍，它是僵化的计划经济体制在教育领域的集中体现和重要的残存。**

它带来的重要弊端是什么？从宏观上讲，教育部门缺乏教育的统筹权，从中央到地方教育行政部门都缺乏教育统筹权。从中观上讲，教育行政效率极其低下。因为教育部门凡是涉及教育改革的问题必然涉及财政问题，必然涉及人的问题，但这个问题谁都说了不算，我们教育部门说了不算，教育行政的效率是极其低下的。从微观上来讲，学校作为教育的主体缺乏创新活力。体制僵化造成这样的弊端，如果我们不再突破、不再次进行教育体制的重大改革，我认为很难建设一个教育强国，成为一个创新人才培养的大国非常困难。

那么在这样一个格局下，我认为从中央到地方各级政府及其教育行政部门对教育事务管理权上下层级之间的划分，要重新进行建构。各级教育治理体系存在的主要问题是什么？管理权过于集中，学校缺乏办学自主权。社会缺乏监督权、管理权。第一，中央政府管理的具体事务太多了，具体事务应该交给省级以下各级政府，必须进行大力度放权。

第二，各级政府向社会让渡教育决策参与权。我们现在整个教育决策完全是在行政的体制框架下来运作，而社会各界、教育的利益相关主体，参与教育决策的空间和机会非常有限。我们这几年潍坊的教育改革在全国影响比较大，也是我们山东改革的一个重要阵地，教育改革治理方面重大的改革就是推行第三方听政和民主协商。涉及师生重大利益的重大教育政策出台，委托第三方组织校长、教师、家长、学生代表进行第三方听政和民主协商，要保证利益相关方的话语权。

第三，各级政府向学校放权，关键是要依法确保各级各类学校的办学自主权。例如人事管理自主权，作为校长、副校长，教师自主招聘权都没有怎么办学？还有自主招生权，财政教育经费和合法募集的教育经费的自主使用权，教师绩效工资的自主分配权，课程改革的自主权，对不符合法规要求的教育评估事项的拒绝权等等，这些要给我们学校，同时必须明确校长权力的保障机制和约束机制。我们希望尽快起草学校法来明确政府、学校的权力边界。

向学校、校长、法人放权的同时必须建立现代学校治理机制。在规范学校办学自主权的同时必须建立学校内部的制度，完善职工代表大会、学生代表大会、家长委员会和社区教育委员会等等，要向教师让渡权力、向学生让渡权力、向家长让渡权力、向社区让渡权力。**中国教育体制改革的很多问题是横向教育治理体系有很大的问题，我国具有教育管理职能的各个教育部门的相应管理事务、管理权力的划分，没有明确的边界。**横向教育治理存在的主要问题是越权管理和集权管理。首先，确定教育行政权力的归属。我们现在很多教育权力不在教育部门，而到了那些非教育部门。职业教育的管理权是在教育部门吗？很多不在教育部门。民办教育机构的准入权在教育部门吗？民政部门批行政部门法。我们校外教育机构准入工商民政部门都可以批，乱套了，整个教育准入体系混乱不堪。其次，分权，要划定教育行政权力边界。最关键的教育人事权力配置要理清编制、组织、人事部门的权力边界。要进行分权治理，我们现在应该把教师招聘等权力应该还给教育行政部门，编制人事部门进行主要管理和监督是对的，但不能进行集权统筹管理。包括教师继续教育、中小学校长和地方教育局长的管理，组织人事部门的管理权到底是什么？教育行政部门的管理权又在哪里？校长和地方教育局长，我们的教育部门应该有专业资格的管理权，行政的任命权这样一个资格，按照不同级别的人事管理权可以在人事组织部门，专业的资格谁来管呢？

再次，教育财政权力配置要理清财政、发展改革与教育部门的权力边界。按照中央和全国人大常委会关于公共财政预算管理的有关规定，建议与教育财政相关的政府职能部门建立权力清晰、权责明确、分权与制衡相统一的教育财政管理体制。财政部门和教育部门的财政权力分割在哪里？财政部门管预算、管监督，教育部门应该负责编制具体的部门预算和具体预算。花钱是教育部门的事情，财政是财政部门的事情，现在都不是这个概念，现在整个是集权管理。

我想我们在确权、分权基础上应推出三个清单，我们必须对教育等部门的相关权力进行限定，权力清单正在推行，还有负面清单和责任清单。现在最大的问题是各地政府的教育责任清单不清楚，没有为县级政府开出教育责任清单。

又次，我们改革的目的是在横向教育治理体系方面形成合作治理新格局，就是权力制衡机制要形成。我们县管校聘管理体制改革就是推行合作治理的重要尝试。教育部门人事管理应该从学校人变成系统人管理。

最后，我们希望要重构我国教育治理工具。传统的教育治理工具就是单一行政管理、不透明的财政拨款制度，再加一个以评估达标为手段，就这些事。我希望我们要动用大量的现代教育管理的手段、现代治理的手段。

第一，依法治教。教育治理的根本方式是法治。我们从总体上讲国家体制改革已经处于“一管就死，一放就乱”的怪圈之中，最关键的是没有依法治教的意识，在这种情况下放权是极其危险的。所以我们现在必须建立依法治教六个观念：教育、决策、规范、治理、考核、问责。

第二，我们要推进专业化治理。我想讲的专业化是管理者的专业化和管理专业化两个方面，我们现在要解决一个让懂教育的人办教育、管教育的问题，现在是困难重重。我们现在有不少的高中校长、有不少的教育局长不懂教育。我们必须用专业的方式管理教育事业，也就是说我们要走出传统经验和行政管理思维。

第三，我们要推行大数据管理，就是信息化治理。在当前的大规模教育之下，教育的大数据管理已经成为一个可能，也成为必需的东西。

我们淄博推进特色高中建设一个指标体系就是专家评教、家长评教、学生评教。他们建立了一个淄博市所有的高中生和家长的网上评教的平台，就是社会全员对学校的评价通过大数据实现，这样一个分析和管理系统，我们当前的教育管理如果没有信息化手段，我们很多管理无法有精准的判断。

第四，教育事务管理、财务管理、人事管理公开化。我们教育财政公开就是公共服务的公开。我们现在在进行大规模改造，中央给了一些钱，省里给了一些钱，但是到了这个县，今年教育改革到底投多少？应不应该公开？应该把中央、省和本县的改革项目向全世界公开，只有这样才能有一个公开的监督机制，我们的公共服务才能到位。

第五，推进第三方治理。社会治理与市场治理的引入是目前的重大任务。我们山东省委托社情民意调查中心对全省进行监测，监测结果没有公开，给了市长。2009 年以来，我们在山东省全面推行家长委员会建设，我们让社会、家长的力量参与到学校治理当中来。我们的潍坊市支持民办教育发展，是引入市场治理机制，择校找民校。

第六，我们希望推进绩效考核，让人民群众有获得感。我们目前存在的主要问题就是自说自话，另外一个重大问题就是政绩观，单纯的应试考核，忘记了教育的本质是培养人。我们要大力推行第三方评价，不能自说自话。我们希望推进教育治理体制改革的路径是什么呢？一是政府间的分权治理，放权；二是部门间合作治理，分权；三是政府和社会合作治理，让权。

（张志勇系山东省教育厅副厅长）

□ 范国睿

教育体制改革与教育生态活力

在《中共中央关于教育体制改革的决定》(简称《决定》)颁布30周年之际，我们应该从《决定》的颁布中继承些什么？与30年前相比，今天教育改革面临的态势有何不同？我们应该怎样推进和深化教育改革？循着这一思路，我将题目定为《教育体制改革与教育生态活力》，主要讲对“《决定》的精神遗产”“当代中国社会的教育生态”及“未来教育体制改革走向”等三个方面的基本观察，阐述三个基本观点。

一、《决定》的精神遗产是解放思想，激发教育活力

《决定》的精神遗产是解放思想，激发教育活力；而《决定》的颁布也得益于党的十一届三中全会以来的思想解放。1976年以后，中国社会进入拨乱反正时期，但是，改革与发展的激情与热情仍被“两个凡是”的桎梏束缚着。1978年5月10日，中央党校内部刊物《理论动态》第60期，刊登了由南

京大学胡福明，中央党校孙长江、吴江等人撰写，经胡耀邦审定的《实践是检验真理的唯一标准》一文；5月11日，《光明日报》以“本报特约评论员”署名公开发表，新华社将这篇文章作为“国内新闻”头条，转发全国；5月12日，《人民日报》《解放军报》及不少省级党报全文转载；5月13日，全国多数省级党报都转载此文。由此，拉开了一场中国社会前所未有的思想解放运动的序幕——基于“真理标准”问题的大讨论。最终，1981年6月，中共十一届六中全会做出《关于建国以来党的若干历史问题的决议》，标志着党完成了思想上拨乱反正的任务，对于调动一切积极因素、动员全党全国各族人民同心同德进行社会主义现代化建设起到了巨大作用。此后的“经济体制改革决定”“科技体制改革决定”，以及“教育体制改革决定”，都得益于这场史无前例的思想解放。20世纪80年代初，在非常短的时间内出台了三个重要的文件，那就是1984年《中共中央关于经济体制改革的决定》、1985年《中共中央关于科学技术体制改革的决定》和1985年《中共中央关于教育体制改革的决定》（以下简称“三个《决定》”），从而形成了一个时代社会改革与发展的整体框架。

社会发展的动力与活力源于基层；顺势而为，保护这种动力与活力是体制改革成功的关键。中国社会的改革开放，是从经济体制改革开始的；经济体制的改革，又是从农村开始、从基层开始、由农民推动的，是一种自下而上的改革。1978年12月的一天夜里，安徽省滁州市凤阳县小岗村的20户农民聚集在村民严立华家中，神情严肃地写下“分田到户”的“生死契约”，“每户保证完成每户全年上交公粮，不在（再）向国家伸手要钱要粮”，由此诞生了全国第一个包产到户的责任制。一张源于民间的小小契约，成为中国农村一场大变革的开始。此后，中央对这一问题一直给予非常谨慎的观察、保护，以至大力支持。例如：1981年10月，全国农村工作会议通过《全国农村工作会议纪要》，高度评价了十一届三中全会以来农业生产责任制的发展，使它具备了合法性；1983年1月，中央一号文件《当前农村经济政策的若干问题》，全面彻底地肯定了家庭联产承包责任制；1984年10月20日，中共十二届三中全会通过了《中共中央关于经济体制改革的决定》，确立改革的基本任务是建立起具有中国特色、充满生机和活力的社会主义经济体制，促进社会生产力的发展。

同样的情形发生在教育领域之中。“文革”之后，邓小平主动请缨，分管科技与教育。恢复高考，如一石激起千层浪，对激发千万学子的学习动力、恢复被“文革”破坏殆尽的教育与学习生态发挥了重要作用。此外，当时的教育，与社会发展的需求、与发达国家的教育水平仍有相当的差距。1983 年国庆节，邓小平为北京景山学校题词：“教育要面向现代化，面向世界，面向未来”，为中国教育的改革与发展指明了新的方向。在改革与发展过程中，全国一些地区也出现了一些源于基层的改革探索，而“三个《决定》”，特别是《中共中央关于教育体制改革的决定》的颁布，在很大程度上反映了这些源于基层、符合本地区特征、富有成效与活力的改革探索。1984 年 11 月，胡耀邦等中央领导同志亲自挂帅，成立了科技、教育体制改革文件起草领导小组，着手进行科技、教育体制改革文件的起草工作。胡启立等领导同志赴安徽、江苏、江西、广东调研，着力发现迫切需要解决的教育问题，以及各地教育改革经验。这次调研，历时半个多月，辗转四个省，前后到过几十所学校，大大小小开了近百个座谈会，与逾千人座谈、交流、讨论。调研发现，“在学校管理体制上，由于政府权力过于集中，学校无法成为一个独立自主的办学主体，外无威力，内无动力，整个学校缺乏活力”。“现在的问题就是如何在有限的财力物力条件下，把教育搞上去，满足社会主义现代化建设的迫切需要。这就要求我们通过改革来更好地调动各级政府、广大师生员工和社会各方面的积极性，团结一致，同心同德，多想办法，发挥各方面的潜力，使教育事业一年比一年更好地向前发展。”为此，《决定》结合国家教育改革需要与源于基层的改革经验，提出了一系列改革措施。例如：“必须从教育体制入手，有系统地进行改革。改革管理体制，在加强宏观管理的同时，坚决实行简政放权，扩大学校的办学自主权；调整教育结构，相应地改革劳动人事制度”；“改革同社会主义现代化不相适应的教育思想、教育内容、教育方法”；“把发展基础教育的责任交给地方，有步骤地实施九年义务教育”；“调整中等教育结构，大力发展职业技术教育”；“改革高等学校的招生计划和毕业生分配制度，扩大高等学校办学自主权”；等等。

可以说，这种注重激发基层与地方教育活力的做法，在此后的教育改革过程中得到了贯彻。例如：1993 年 2 月中共中央、国务院颁布的《中国教育改革和发展纲要》指出，“教育体制改革要有利于坚持教育的社会主义方向，培养德智体全面发展的建设者和接班人；有利于调动各级政府、全社会和广大师生员工的积极性，提高教育质量、科研水平和办学效益；有利于促进教育更好地为社会主义现代化建设服务”；要“改革办学体制。改变政府包揽办学的格局，逐步建立以政府办学为主体、社会各界共同办学的体制”。

二、体制性障碍限制或制约了教育的生机与活力

2013年初，教育部在《关于2013年深化教育领域综合改革的意见》（教改〔2013〕1号）中对当前教育改革形势有一个基本的判断：“随着我国教育改革进入深水区、攻坚期，涉及面更广、关联度更高，破解深层次矛盾和问题难度更大，许多问题解决起来往往涉及多个部门职责，涉及多种政策配套，涉及多方利益调整，靠原来的单项改革办法或局部突破套路已难以奏效。教育改革仍存在亟待解决的问题，主要是各地改革进展不平衡，一些热点难点问题尚未有效解决，一些保障政策措施还不到位。”在我们看来，体制性障碍限制或制约了源于社会、地方和基层、学校的教育活力，是造成教育生态发展困境的重要原因。

教育本来是私人的事、家庭的事，那么，为什么我们今天会把教育当成“公共事业”？进入工业社会以来，每个人只有具备一定文化修养以后，才能参与社会公共事务，教育成为社会之必需，于是便产生了义务教育，进而塑造了制度化教育；教育事业越发展，越需要一个机构代表社会来协调整个教育事业的发展，教育管理便成为现代政府的责任之一。随着社会以及教育事务的发展，教育管理事务越来越复杂，而政府为了更直接、更有效地履行教育管理责任，势必采取制度化、程序化、行政化的方式方法，教育管理的行政化趋势势在必然。实际上，政府本身并不直接从事教育，真正从事教育的是作为专业人员的教师和教育家，如此，行政化的管理与教育的专业化发展需求之间便形成了错位和矛盾。

“体制”指的是有关组织形式的制度，是管理机构和管理规范的结合体或统一体。不同的管理机构和不同的管理规范相结合就形成了不同的体制。私人化的教育不存在体制性问题，现代意义上的制度化教育才

会形成体制性障碍。现代学校教育，是一个多层次的复杂的教育生态系统：首先，是发生在同一层级政府内部的体制性障碍，政府中的不同职能部门之间存在沟通障碍，政府中直接管理教育事务的部门，往往与负责教育财政资源配置、负责教师资源配置的财政部门、人事部门存在许多需要协调的地方。譬如，我们最近做了一些调研，发现实行绩效工资之后，优秀教师的奖励被纳入绩效，学校已经没有办法通过奖励机制来激励教师；学校招聘教师，不是作为用人单位的学校、作为专业人员的教师说了算，而是人事部门通过统一的、标准化的规范化考试，合格、录用后，统一分配到学校。其次，是不同层次的政府的教育管理权责划分，上至中央政府、省级政府，下至区县政府、乡镇政府，都存在教育管理的权责问题。在一些地方，中小学归乡镇政府管，乡镇政府把学校的校长撤换了，县教育局还不知情。最后，是政府、学校、社会三者之间的关系。仔细观察 30 年来的教育发展，我们发现，正如教育部在《关于 2013 年深化教育领域综合改革的意见》中所判断的，《决定》所批评的教育的行政化管理趋向，不是弱化了，而是更加强化了，更加复杂了。**一方面，政府对学校的管理越来越“管制”化，即制度化、程序化、行政化，如此一来，学校缺乏办学的自主权，也就失去了办学活力；另一方面，这种“管制”化的政校关系，构成了一个严密的、封闭的教育生态系统，各种社会力量难以参与进来。**

进一步观察，可以发现：**今天的许多教育问题，实际上都是社会问题的反映**。改革开放以来，我们取得经济的高速发展，但其背后所付出的代价，除了环境破坏等资源性因素外，还有一个很大的社会性代价，就是广泛的社会竞争及其背后的趋利倾向，以及由此带来的效率主义、工具主义以至功利主义思潮。对利益追逐，反映在社会的各个方面，教育亦不例外。社会选人、用人机制对人才标准的层级化要求，使人们不得不从小就为某个更有附加值的教育文凭符号而努力，孩子们从小就在体验着竞争的压力。这不是我们所希望的“尊重知识，尊重人才”，而是典型的病理性的“文凭主义”。为了追逐利益，家长将教育责任转移给学校，缺少了本应有的陪伴和关爱；为了追求升学率，教育失去了本来应有的伴随儿童生长的丰富意义，变成了机械训练；而长期的机构训练，又使教师失去了教的激情，学生的好奇心与想象力也被压抑和扭曲，学校教育生态失去了应有的生机与活力。

三、建构现代教育治理体系任重道远

只有激活教育生态系统各利益主体的积极性、创造性，教育才能健康持续地发展，教育才有希望。《国家中长期教育改革和规划纲要（2010—2020年）》（以下简称《教育规划纲要》）发布实施以来，我国从国家统一实施、地方承担试点和基层自主改革三个层面推进教育改革，各地涌现出了许多好的经验和做法，成效开始显现。最近，围绕教育改革与发展，有两个命题：一是“教育领域综合改革”；二是“教育治理体系现代化”。为什么说“综合改革”？这是因为，对处于改革深水区的教育系统而言，已不能像过去那样讨论单一元素的改革（如“课程改革”）了，必须对教育改革进行系统化的顶层设计，强调改革的系统性、整体性、协同性。“教育治理体系现代化”是伴随着“国家治理体系和治理能力现代化”问题而来的。中共十八届四中全会《中共中央关于全面推进依法治国若干重大问题的决定》指出：“推进多层次多领域依法治理。坚持系统治理、依法治理、综合治理、源头治理，提高社会治理法治化水平。深入开展多层次多形式法治创建活动，深化基层组织和部门、行业依法治理，支持各类社会主体自我约束、自我管理。”依法治国，在教育领域，就是依法治教。正如《教育规划纲要》所要求的，“适应中国国情和时代要求，建设依法办学、自主管理、民主监督、社会参与的现代学校制度，构建政府、学校、社会之间新型关系。适应国家行政管理体制改革要求，明确政府管理权限和职责，明确各级各类学校办学权利和责任”。相对于30年前颁布的《决定》，今天面临的教育体制性问题更加复杂。所以，建构现代教育治理体系任重而道远。

推进教育治理体系和治理能力现代化，首要的目标是“善治”（Good Governance）。这里的“善治”是蕴含价值判断的，意味着通过“善治”，为公众提供“好教育”，形成一个良性教育生态。**什么样的教育是好教育？“公平的教育”是好教育，“优质的教育”是好教育，除了这两个时下人们耳熟能详的概念外，从教育的过程与形态上讲，还有两个重要的元素：“有序的教育”是好教育，“充满活力的教育”是好**

教育。所谓“有序”，就是理顺关系；所谓“充满活力”，就是充分调动教育系统各利益主体的积极性与创造性。

一是激发政府活力。政府活力是指政府和教育行政部门在依法治教过程中表现出来的：应对教育系统及其外部环境挑战的自觉性、敏锐性和适应性，包括敏锐地感知各种教育需求的变化，提出各种解决问题的预案，主动回应挑战，表现出良好的适应能力和应对能力；管理教育公共事务的使命感、服务精神和责任心。**有活力的政府在教育事务管理过程中，往往表现为有明确的理想目标和坚定的信念，以办好人民满意教育为己任，着力提供公平而有质量的基本教育公共服务，尊重基层与民间的教育力量。**随着公众教育需求的日益多样化，有活力的政府和教育行政部门，往往以主动的、积极进取的心理和行为倾向，注重调动各种社会力量参与教育事业，善于聚集和调配各种教育资源，创造性地促进教育事业持续健康发展。这里，“简政放权”是关键，要把该放给学校的教育管理权放给学校，该由社会和市场承担的责任交给社会和市场，从纷繁复杂的具体教育管理事务中解脱出来，专注于宏观教育规划与决策，建立教育数据、信息的采集、发布、共享、保密机制，建立健全基于数据与证据的宏观教育规划与教育决策机制；专注于教育标准的制定与发布，加强对国家教育标准的顶层设计，规范标准的发布程序和办法，形成具有国际视野、富有中国特色的教育标准体系，使教育管、办、评的运作都有标准可依；专注于建立健全教育资源投入与配置机制，完善经费投入机制，在大力增加教育投入的基础上，健全财政统筹体制，扩大省级政府教育统筹权，建立健全科学合理的教育经费（资源）配置机制。这就需要建立与完善“清单管理”模式，建立教育行政权力清单和责任清单制度，厘清政府和教育行政部门“权力清单”——正面清单（Positive List），这意味着，对政府而言，法不授权不可为；进而通过政府公报、政府网站等便于公众知晓的方式，向社会全面公开教育及相关政府部门职能、法律依据、实施主体、职责权限、管理流程、监督方式等事项，明确政府应该做什么、不应该做什么，能做什么、不能做什么；明确政府权力边界，防止权力交叉和越位，深化教育行政审批制度，为公民、法人或者其他组织提供优质教育服务，减少政府对教育的直接干预。

二是激发社会活力。由于各国在文化传统和语言习惯方面存在着不同，“社会组织”在不同的国家和地区有多种不同的称谓，但社会组织都具有非营利性、非政府性、独立性、志愿性、公益性等基本特征。为了营造良好的、多样化的、充满活力的教育生态，我们需要最大限度吸引社会资源进入教育领域。一方面，需要大力培育、发展与引进教育社会组织，使其不断发展壮大，具有参与教育、服务教育、评估教育的资质；另一方面，要建立健全和完善社会组织参与教育治理的机制。从去年到今年，在社会公共服务领域，政府密集出台了一系列促进社会组织发展、完善政府购买社会服务的文件。例如：2014 年 11 月颁发的《国务院关于创新重点领域投融资机制鼓励社会投资的指导意见》（国发〔2014〕60 号）、2015 年 5 月颁发的《国务院办公厅转发文化部等部门关于做好政府向社会力量购买公共文化服务工作意见的通知》（国办发〔2015〕37 号）、2015 年 5 月颁发的《国务院办公厅转发财政部发展改革委人民银行关于在公共服务领域推广政府和社会资本合作模式指导意见的通知》（国办发〔2015〕42 号）。这当中涉及社会资本引入问题，涉及建立健全政府与社会资本的 PPP 模式，涉及第三方评估机制问题。以去年 11 月颁布的《国务院关于创新重点领域投融资机制鼓励社会投资的指导意见》为例，其中许多内容涉及教育与社会资源的合作：“鼓励社会资本加大社会事业投资力度。通过独资、合资、合作、联营、租赁等途径，采取特许经营、公建民营、民办公助等方式，鼓励社会资本参与教育、医疗、养老、体育健身、文化设施建设。”“各级政府逐步扩大教育、医疗、养老、体育健身、文化等政府购买服务范围，各类经营主体平等参与。”甚至还有更为具体的内容，如：“营利性民办学校收费实行自主定价，非营利性民办学校收费政策由地方政府按照市场化方向根据当地实际情况确定。”但是，从教育领域自身的改革来看，却明显滞后。今后一个时期，政府工作的重点是：建立健全政府委托管理体制，减少政府对学校办学的直接干预；引入市场竞争，通过第三方管理，最大限度地推广政府购买服务。值得注意的是，真正落实《教育规划纲要》所提出的“依法落实民办学校、学生、教师与公办学校、学生、教师平等的法律地位”，进而积极探索社会力量办学的人事、税收和财政保障机制，为社会力量办学提供支持，都仍然是需要进一步破解的引入社会力量参与教育的重要瓶颈。

三是激发学校活力。推进教育治理体系和治理能力现代化，“核心”是构建政府、学校、社会新型关系，“路径”是依法治教，“抓手”是推进管、办、评分离。这里，“管”是关键（着重解决政府放权问题，是否肯放、如何放、放给谁的问题），“办”是重心（落实学校自主办学），“评”是保障，“管”和“评”都是为学校“办”学服务的。在推进教育治理体系建设、建立现代学校制度过程中，重要的是理顺不同教育治理主体之间的权力边界和关系，协调好社会系统中的“政府—学校”关系、教育系统中的“公—私”关系（公办学校与民办学校之间的关系），以及学校内部的“党—政”关系。深入推进学校办学体制改革，积极探索负面清单（Negative List）管理模式，依据不同学段、不同性质的学校，分类授权。对具体学校而言，“法不禁止皆自由”，清单之外的事项学校可自主施行；通过学校章程制定与执行，进一步健全法律法规规定的各项办学自主权的实施机制；通过完善法律救济机制，切实维护学校、师生合法权益；同时，积极探索自主办学的自我约束机制，从而落实学校办学主体地位，明确权利责任，实现学校的自我管理、自我约束和自我发展。学校自主发展的核心是学校的自主定位、自我激励、自我资源调配，唯有如此，才能真正从学校实际出发，以学生发展为本，落实学生个性发展的需要。从根本上讲，学校治理体系的建立与完善，是要从根本上改变社会的效率主义、工具主义和功利主义思想对学校教育价值观的影响，引导教育回归到育人为本的本质上来，营造健康教育生态，为儿童健康、持续地“自然”“生长”，提供适宜的“阳光”“空气”和“水”，保护和培育儿童的天真烂漫和他们与生俱来的探究精神；激活教师的教育理想，激发教师创造性地从事教育活动的热情、激情，使教师在日常的教育、教学活动中通过自我价值实现，持续地保持创造性的工作热情。在学校教育系统中，教师“教”的活力与学生“学”的活力激发出来了，学校的生机与活力也就自然焕发出来了。

政府、社会与学校的活力需要依法保障。《教育规划纲要》提出“六修五立”：“根据经济社会发展和教育改革的需要，修订教育法、职业教育法、高等教育法、学位条例、教师法、民办教育促进法，制定有关考试、学校、终身学习、学前教育、家庭教育等法律。”就目前来看，依法治国，各行各业都需要立法修法。实际上，教育领域“一揽子修法”的愿望，也很难实现。**这里，我们特别呼吁，尽快制定《中**

华人民共和国学校法》，从法律上厘清学校办学与发展的权利和义务问题，以及学校与政府、学校与社区、学校与校长、学校与教师、学校与学生等方面的教育法律关系。世界上许多国家都有“学校法”，我国的情况比较特殊。1995 年第八届全国人民代表大会第三次会议通过的《中华人民共和国教育法》，考虑到当时没有“学校法”，便包含了许多本该由“学校法”规范的内容，结果，反而给今天制定“学校法”带来了困难。从“教育基本法”的意义上重修“教育法”，同时制定“学校法”，以国家法律的形式，将政府、社会、学校的权利与责任，以及权责实施机制加以规范，或许是今天破解教育治理体系建设过程中理顺政府、社会、学校关系难题，保障学校教育健康持续发展的必要的、可行的选项。

总之，我们需要进一步解放思想，进一步激发各教育利益主体的活力，以法治来保障整个教育系统生动、活泼地发展。这样，我们才会有一个健康、持续发展、充满生机与活力的教育生态。这才是真正的公众满意的教育。

（范国睿系华东师范大学教育学部教授）

□ 唐盛昌

像 30 年前关注义务教育那样关注高中阶段教育

《中共中央关于教育体制改革的决定》自颁布至今已 30 年，30 年前抓义务教育是关键。30 年过去了，义务教育确实取得了巨大成就。30 年以后我们要关注什么？从教育内部看，问题在哪里？

第一个非常清晰的问题是关于学制的。学制主要有两大模式：一种模式是 12+4，也就是义务教育 12 年，大学教育 4 年，以美国为主；另一种模式是 13+3，基础教育 13 年，大学教育 3 年，以欧洲为主。和我们比较接近的是 12+4 模式，12+4 模式里面我们现在较为普遍的情况是 6+3+3，上海是 5+4+3。美国原来也是 6+3+3，但 20 年前就出现了大量的 4+4+4，还有 5+3+4。高中阶段已经不是 3 年，大部分已经成为 4 年。为什么从 3 年变到了 4 年？因为既要考虑学生将来走经济技术道路的可能，又要考虑走学术研究道路的可能。这两个出路在高中的课程当中必须加以体现。高中阶段跟大学阶段的衔接非常清楚，这就是 AP 课程，高中修了之后大学承认学分。在美国，大学阶段又出现了一批学校，不定专业，学生可以进行自主选择发展方向。英国的学生比较多的是6+5+2，德国比较多的是4+6+3。西方的趋势是，高中、初中、小学已经有点逐渐淡化学制硬性规定，更多考虑的是学生将来往哪个方面去发展。**我们的学制已经面临相当多的挑战。学术型大学不再是学生唯一甚至主要的选择。相当一部分高中毕业生将直接进入技术型大学，相当一部分国家后一类学生的比例明显高于50%。**中考的存在及九年义务教育体制极大地强化而非削弱初、高中的区分界限。社会舆论中部分甚至广泛存在着技术型大学是没有出路的、是高中生的被迫选择这种错误观念。

第二个比较清晰的问题是，高中阶段的学校课程和学科教育水平需要与每个学生发展的需求相匹配。一是个性发展。**个性发展必须建构于整个学校课程的高度选择性的基础上，没有高度选择性，培养学生个性就是一句空话。**二是学校类型的选择性。三是学科水平层次的高选择性。四是高中阶段教学现代化问题迫在眉睫。

第三个问题是，学生的社会性发展必须跟社会进步，特别是我国社会主义发展的要求匹配起来。要强调人文教育的重要性，强调培养学生的学习技能，美国提出21世纪技能当中包含了三个领域：学生的批判、探究与创新能力；数字信息技术的掌握及应用能力；各类文化社会适应和实践能力。这些技能在高中阶段特别重要。

总起来说，我们在下面几点比较容易形成共识。第一，在高中阶段，不同学生可以也应该有不尽相同的知识架构。普通高中提供的课程不应该再局限于传统的14门课程，这在绝大部分发达国家都已经解决了，我国也要加速推进。第二，除14门课程以外，其他课程经过专门机构认定后，也应该被大学所认可。第三，学生可以根据自己的条件、兴趣与潜能选择不同类型的学校，在一定的课程架构下面，选择希望学习的学科与学科水平。第四，为了应对伴随高选择性而出现的多元多维度的评价问题，需要建设一批高水平的专业评价与认证机构。

从学生个性发展角度讲，实际上在高中阶段已经出现了一些新的值得我们思考的现象，所以接下来是不是可以得出这样的一个结语？

第一，高中阶段教育是各国基础教育改革关注最多、变化最大、发展最快的领域。他国提出的一系列思想、举措与办法，遇到的一大批争论与问题，需要我们认真思考。

第二，我国地域广阔，情况复杂，高中阶段的教育改革与其他国家相比，复杂程度与困难程度都无以复加，必须寻找适合我国国情的高中阶段新模式，或者说基础教育整体的新模式。

第三，这几年特别是教育中长期发展规划实施以来，高中教育发展多样化的思路正迸发出巨大的活力，考试制度等一系列改革的不断推进，对高中教育改革产生了一系列倒逼效应。

第四，高中阶段教育承上启下的客观现实，需要扎扎实实的理论研究和实践探索作为其改革发展支撑；高中阶段的课程改革直接影响义务教育阶段的课程，并反作用于高校的教育教学改革；创新人才的早期培养如何在高中阶段实施等一系列新问题都摆在我们面前，并且需要我们做出回答。

第五，高中阶段是学生成长关键期，价值观、人生观在这个时期成型，个性性格特征逐步确立，兴趣、潜能与未来发展的方向逐步清晰。要对这些问题进行探索。

如果以上是共识，那么得出的结论就是要提升我国教育现代化水平，特别是基础教育现代化水平。**只有向 30 年前关注义务教育那样关注高中教育，才有可能使整个教育事业更加兴旺发达。**

（唐盛昌系上海中学原校长、华育中学校长）

□ 林卫民

对“管、办、评”分离的企盼、忧虑和建议

“管、办、评”分离这个说法一出来我们就一直在期盼它的实现。《国家中长期教育改革和发展规划纲要（2010—2020年）》里面特别提出了要建设依法办学、自主管理、民主监督、社会参与的现代学校制度，我最感兴趣的还是自主管理，因为学校受到太多干扰，以至于无法用更多的精力看清楚自己的核心责任。

国家在促进教育职能转变的若干意见里提出政府的一些原则，比如权责统一、统筹兼顾、放管结合、有序推进。但是我总是在想，这些事情并不是说到就能做好的。是否像其他政策一样，我们只能看到好的政策却享受不到美好的结果。教育行政部门看重的是结构体制的改革，我们关注的是教育教学所需要的能力建设，如果我们没有这样一种主动性、能力和相应的资源库，自主管理的结果可能变得更加糟糕。

可能有些学校有这些能力，但对于更多的学校来说没有这种能力。所以有一些疑虑：

第一个疑虑，惊喜是不是短暂的？我们出台了许

多政策，但政策之间缺乏联系，面对显性的教育问题，解决的办法缺乏针对性。**一项政策刚刚读懂又有新的政策出台，不同管理级别针对同一内容的新政会不断颁布，教育行政管理部门主要领导会更换，对新的政策又有新的解读。**

第二个疑虑，校长身份的尴尬。校长作为一种职务，是上级部门的恩赐，忠诚是回报的根本途径。于是理解上级意图，执行上级指令成了校长的行为习惯。以至于在学校组织体系里有一种反领导力的结构。因此虽然校领导忙碌，但离学校的核心责任很远。校长作为一种职业，必须完成教育使命，一切工作都是为了学生的学业发展和生命成长，校长所做的工作总是指向学生，关注每一个学生的生存现实，富有远见地看待学生，用基于信任基础上的高期望值来激发学生学习的热情并肯定学生的成功。**我们上级对校长的要求，和源自我们作为校长内部的核心责任其实是有冲突的。比如说上级更需要对政治有用的成绩或能为政绩添彩的那些新鲜事，民办学校除了上级管理层还有一个管办层，希望你尽快创造中国的财富，并不关注学校内部的核心责任。**我时常感觉到我不是一个校长，我是一个官员，我在讲很多很多的行政规则。

第三个疑虑，让中小学独立行走，学校的能力足够吗？“管、办、评”分离关键在于突出学校法定主体责任和义务的法定属性，要让学校在法定监管范围内根据法律赋予的义务和权利合法地从事教育组织实施活动及教育改革活动。例如学校依法组织实施国家课程规定、依法管理学术研究活动、依法聘用和管理教师，依法规范学生在校行为等等。给予学校充分的办学自主权，并不意味着能顺理成章地获取教育的成功，因为并非所有的中小学都具有了独立行走的能力。**如果说没有强大的学校能力，只是简单强调自主管理，并且随意地放手让那些不具备职业资质的校长独立行使职权，这对于学校教育可能是一种灾难。**

所以依法办学、自主管理、民族监督、社会参与是不可分割的，“管、办、评”分离不是互不相干的。有疑虑也总有做好的时候，2015年的教育部工作要点里面提出深入推进“管、办、评”分离，我建议依法明确权力清单、责任清单。政府推行清单管理方式，完善学校内部治理结构。如迈克尔·富兰（Michael Fullan）所说，一项能够支持学校教育的来自校外的教育政策，需要有利于分权，有利于地方和学校能力建设，鼓励改革与创新。“管、办、评”分离与这个思想完全吻合，所以是一项良性的政策。

我觉得实施这个政策关键点也有四个方面：有利于分权、有利于学校能力建设、有严格外部评价、鼓励改革与创新。学校特别需要教育变革的自主权，因为优秀的教育实践成果发展总受到太多干扰。形形色色的规则和规定，小集团利益等，使自主权无法得到落实。因此，地方教育行政部门领导要理直气壮通过权力清单扫清障碍。要花大力气投资于学校的能力建设，中小学校是否忠诚于教育责任和义务，取决于学校对变革的迫切要求、广泛参与以及确保变革不断取得成功的技术和能力。教育行政部门要把物力、财力花在提高学生和教师的技能水平上。一个严格的外部评价制度对于“管、办、评”分离政策是必不可少的，关键作用是帮助学校进行自我反思，找出没有得到改进的方面。这种评价要有一套完整的标准和操作体系。何种教学称为高质量的教学？何种学校环境更有利于学生学习？这都不是一件容易判断的事。新的思想和观念是不可忽视的。教育系统长期处于精神分裂状态，一方面呼吁新思想，另一方面又抗拒与自己有关的变革，“管、办、评”分离本身就是有阻力的。应该通过总结中小学教育的发展历程找到“管、办、评”分离的支持经验，使整个教育系统在接受和推进“管、办、评”分离中变得更加主动。

中小学必须冷静面临政策调整，教育需要追求内在本质一致性，学校管理需要紧紧围绕教育的核心责任。成功的学校并不是那些改革最多、改革力度最大的学校。

（林卫民系北京外国语大学校长助理、附属外国语学校校长）

□ 袁振国 张彩云 龚亚夫 王燕 毕诚 田凤

以色列创新人才培养机制研究

改革开放以来我国教育发生了深刻变化，在很多方面取得了跨越式发展，但创新人才的培养始终是我国教育的瓶颈。最近中央深化综合改革领导小组审议通过的《统筹推进世界一流大学和一流学科建设的总体方案》，把培养创新人才特别是拔尖创新人才作为最紧迫的任务之一予以强调。以色列培养创新人才的做法和经验值得借鉴。

以色列国土仅有 1.49 万平方千米，还不到我国江苏省的六分之一，土地贫瘠，常年干旱，同时政治纷争不断，长期笼罩在战争的阴影下。然而，在短短的几十年时间里，以色列产生了 11 位诺贝尔奖获得者，人均 GDP 超过 3 万美元，成功从“农业小国”跃升为科技强国。以色列奇迹般崛起的背后到底蕴藏着怎样的秘密？为此，我们对以色列进行了专题考察，并进行了深入的历史研究。给我们最深刻的感受是：以色列奇迹在于靠创新求生存，靠创新人才推动发展。

一、教育立国——创新人才培养的教育基础

依靠创新人才培养激发出国家创新活力，保证着犹太民族和国家生存与发展。建国之初，以色列就确定了教育立国的方针，历届政府都把教育放在优先发展的战略地位，把培养高质量的创新人才视为关系到民族生死存亡的根本保证。为发展教育，以色列政府在20世纪70年代以前，从经常性开支中所拨教育经费就仅次于军事开支，排在第二。70年代中期以来，以色列教育经费在国民生产总值中所占比例一直保持在8%以上，目前已经达到10%，这在世界上是极其罕见的。

（一）创新意识从儿童抓起

以色列政府十分重视学前教育。学前教育总投入占GDP的百分比为0.9%，其中政府投入为78.7%，私人投入为21.3%[1]。投入比例远远高于发达国家平均水平。以色列95.6%的学前教育机构为公立机构，4.4%为私立机构，幼儿大部分上政府举办的公立幼儿园[2]。以色列义务教育从3岁开始。2010年，以色列3岁儿童接受早期教育的比例为79%，4岁儿童接受早期教育的比例为86%，5岁则高达96%[1]。

犹太民族是一个以儿童为中心的民族，以色列也是一个以儿童为中心的国家。全社会都通过不同的方式支持学前教育。以色列的博物馆、社区中心、资讯中心等机构积极为幼儿园开展科技教育、艺术教育提供条件和为教师提供教学辅助资料，家庭也积极配合幼儿园的教学活动[2]。为了让父母参与儿童教育，以色列政府实施了两个重要的社区教育计划，即HATTF（Home Activity for Toddlers and Their Families）和HIPPY（Home Instruction Program for Preschool Youngsters）计划，力图对0—6岁幼儿的家长进行分层指导，提高家庭教育的质量和效率。父母的参与为儿童的发展提供了条件与环境，促进了儿童身心全面的发展[3]。

犹太家庭也非常重视学前教育。据说犹太家庭在孩子刚懂事时，父母会把一本书沾上蜂蜜然后让孩子去吻，让孩子从小感知书是甜蜜的。每个家庭都知道这样一个谜语：“有一个没有气味、没有形态、没有颜

色但任何人都抢不走的宝贝，就在你身边，你知道它是什么吗?”“这个宝贝就是智慧。它比金子、宝石更贵重，比什么都重要。只要你活着，它就永远跟着你。”[4]在这种观念的熏陶下，以色列人从小就充满了求知欲望，培养了探索未知世界的精神。

（二）和而不同的义务教育

为了让每一个公民通过高质量的义务教育获得创造性的生产劳动能力，以色列不断延长免费义务教育年限，不断改善义务教育条件。1949年，以色列建国后通过的最早一部法律就是《义务教育法》，规定国家为5—15周岁的儿童提供免费义务教育。2001年，教育部制定一项计划，为保证全国各校小学生公平享有受教育的机会，重组教育资源，设立评估体系，将经费直接拨给学校。2007年7月，以色列议会通过法案，将强制义务教育从10年延长至12年。以色列为16—17周岁以及18周岁尚未完成11年级学习的青少年提供免费教育。以色列不仅是中东地区和西亚而且是整个亚洲平均受教育年限最长的国家之一。

以色列的义务教育制度与多元文化紧密结合。政府为保障不同民族、宗教和语言的适龄儿童都有公平分享12年义务教育的权利，将学校分为四种类型：一是公立学校，大多数儿童在此类学校就读；二是公立宗教学校，侧重犹太学科、传统和习俗；三是阿拉伯及德鲁兹学校，用阿拉伯语教学，特别侧重讲授阿拉伯和德鲁兹的历史、宗教和文化；四是私立学校，由各宗教团体和国际团体赞助。以色列教育制度规定，义务教育拨款以平等对待为原则，对初等教育（1—6年级）、初级中学（7—9年级）、高级中学（10—12年级）的学校设施、资源配置、教师培训，给予切实的政策措施保障，其义务教育的整体质量和发展水平始终走在发达国家前列。

（三）以创业就业技能培养为导向

以色列有尊重技术和职业教育的传统。他们认为学习知识、钻研律法都不能代替劳动的技能。犹太教的经典《塔木德》上说：“凡不教子女学习职业的人，便是教子女从事盗窃。”在以色列人心目中，职业教育是安身立命的支撑，因此职业教育在以色列不是低层次、低水平的教育，是一个人立足社会、谋求发展的必备工具。为保证青年在进入劳动力市场之前能基本适应市场的需求，以色列制定了《职业培训法》，从法律层面保证了职业教育的发展[5]。该法对各类不同求职者规定了不同的培训办法，如对义务教育中不能正常完成学业的年满11—14周岁的青年，规定每周三天上学，三天到工厂实习培训。这种培训教育部不直接负责，而是直接由劳工部人力资源发展局进行管理，其学制为四年，所需经费大多由国家投入，少量由企业投资。对成年人，尤其是失业工人、新移民、退役军人和部分在职工人，则实行免费培训。

以色列的基础教育非常重视教育与生产劳动相结合。从小学一年级起就开设手工课，帮助学生初步认识原材料、加工工具和加工过程。小学高年级和初中阶段，为学生开设含有材料加工、制图、电力、电子等方面知识的各种技术课程。从八年级起普通学校开设以色列的工业和国民经济的课程，向学生介绍产品的生产、销售组织和财经原则。高中毕业生必须学会一门专门技艺，其劳动教育具有明显的职业性质，普通中学从工业技术或农业技术两方面对学生进行职业技术培训。不少学校还建立了自己的学工、学农基地，定期到基地上实践课，并要求学生结合日常生活实际的内容，动手制作手工产品，在学校的墙壁上、橱窗里、课桌旁随处可见学生的手工作品[4]。

(四) 鼓励高校自由竞争

以色列虽然只有700多万人，却有7所大学，加上开放大学、师范学院、地区学院以及外国大学在以色列开办的分校，有权授予本科以上学位的高等院校达58所。中东地区最好的10所大学，有7所位于以色列。

以色列高等院校拥有充分的自主权。高等教育理事会是以色列高等教育的最高管理机构。1958年颁布的《高等教育理事会法》规定了高等教育理事会的职责。高等教育理事会主席由教育部长担任，成员由教育部长提名，经政府内阁确认后由总统任命。虽然教育部长任主席，但是理事会在职能上完全独立于教育部。理事会是高等教育的监管和咨询机构，它给予高校完全的行政和学术自由，并不干涉高校的内部事务。让高校独立自主是高校创新的重要基础。

以色列通过财政拨款政策引导高校自由竞争。高等教育理事会下设的计划与预算委员会，负责高校科研财政拨款。财政拨款制度以政府与学校分离为原则，建立了一套公开竞争的考核标准和奖励机制。以色列重视科学研究，研究成果的质量成为争取科研经费的重要指标，最佳基础研究团队可以优先获得资金。高等教育委员会秘书长 Moshe Vigdor 告诉我们，为实现高校公平竞争，高等教育理事会采取国外专家同行评议制度，所有竞争性科研项目均由国外专家进行评审和验收，保障了项目研究的质量。政府引领高校加强创新人才培养优势建设，促进项目科研创新成果转化并能使之快速形成新的产品市场。依据市场规则，推动科研产品商品化是以色列教育投资的出发点，也是高校教学创新、科研创新、人才创新的动力源泉。

二、多元包容——创新人才培养的文化基础

以色列历史悠久，是世界三大宗教的发源地。在以色列和巴勒斯坦地区，有伊斯兰教、犹太教、天主教以及来自全世界的 70 多个民族的移民，生活着信仰各异的不同民族。以色列虽然与周边阿拉伯国家纷争不断，处在充满敌视的环境中，但是当我们进入耶路撒冷老城的时候，却可以看到不同民族的庙宇、神殿混建在一起，即使是著名的以色列圣地“哭墙”，也同时是伊斯兰神殿的一截围墙，而在“哭墙”旁，也有禁止犹太人进入的阿拉伯人专属通道。以色列的官方语言则包括希伯来语和阿拉伯语，阿拉伯语的学校开设的课程和教师都是阿拉伯语言文化。在耶路撒冷，随处可见来自不同国家、具有不同肤色、操着不同语言的宗教群体在老城中朝拜他们不同的圣地。各种不同思想、信仰的共同存在，使得以色列人能容纳不同思想观点。

（一）权威观念淡薄

以色列是一个等级观念最为淡薄的国家。军政要员，包括总理和军队高官、社会精英，都有一个所有人可以叫的绰号，谁都可以用绰号称呼他们。雇员挑战老板、文员批评政府要员是很正常的事，甚至在最讲究纪律的军队也鼓励质疑和创新。为了纪律而牺牲灵活、为了体制而牺牲主动不是以色列的方式。他们的军队鼓励低级军官去挑战高层，使得官兵在大胆猜想和批判中受益，能够跨越界限，催生激进的思想。以色

列前总统佩雷斯（Shimon Peres）说过，“犹太人最大的传统就是不满足，这对于政治来说或许不是好事，但是对于科学来说绝对是好事”。他还说，“每一项从美国来到以色列的科技，到达军队5分钟后就会被改造”[6]。

以色列人毫无顾忌的态度和不拘礼节的行为方式还有另外一个渊源，那就是以色列文化对所谓“建设性失败”或“聪明的失败”的包容。学校的科研也好，企业的投资也好，大多数人都认为，如果不能包容相当数量的失败，真正的创新也就不可能实现。“我们不会鼓励你过分追求优异的表现，也不会因为一次糟糕的失败就不再看好你。”[7]

（二）鼓励批判性思维

怀疑和争辩是犹太文明的一大特征。以色列特拉维夫大学的一位教授形象地比喻了以色列的教育理念：一个人的心灵像降落伞，只有当它打开的时候，才能飞起来。以色列从小学教学开始，就鼓励学生创造性地思维。在以色列的教育工作者看来，衡量一个学生学习成绩的优劣不在于其能否按标准答案回答问题，而在于其在学习中能否提出有深度有质量的问题。以色列的妈妈最关心的不是孩子在学校回答了什么问题，而是在学校提出了什么好的问题。他们十分重视启发、提问、交流的教育传统。英特尔负责移动计算的副总裁浦大为（他的部门创造了英特尔一半的收入）深有感触地说：“以色列人缺乏纪律意识，从出生开始，他们就被教导要挑战既成之事，多问问题，讨论所有的事情，要大胆创新”，“管理5个以色列人比管理50个美国人还要费劲，因为他们会一直不停地向你提问——往往都从类似这样的问题开始——‘为什么你是我的经理？为什么不是我来做经理？’”[8]以色列整个中小学教育系统自始至终都强调启发学生的智力，最大限度地发挥学生主观能动性，使学生在实际教学中获得和掌握知识。以色列的宗教本身就是一部“开放的书”，《塔木德》——犹太法律的集大成之作，就是几百年来公开讨论的结果。这种精神不仅影响了犹太人的宗教信仰，也塑造了以色列的整个国家精神。

正如以色列作家阿莫斯·奥兹（Amos Oz）所说，犹太教和以色列人中始终存在“一种怀疑和争辩的文化，一种解释、反解释、重新解释、反对性解释的开放式自由问答游戏。从犹太文明开始存在的那一刻起，它就是一种善辩的充满争论的文明”[9]。等级和权威在这里没有市场。

（三）盛行讨论式学习方法

在教育教学过程中，教师采取分组式个别教学和异步教学的方法，根据课程内容引导学生通过讨论、提问等方式学习，启发学生思维，最后教师归纳总结。在中小学课堂上，常常一个班二十几个学生分成几个小组围绕课桌相向而坐，并听课、讨论。中学科任老师会根据当前国家大事，结合自己上课的课程内容，鼓励学生做“专题报告”。在这样的过程中，教师把学生当作一个研究者、一个探索者，强调学生独立思考、主动探索，教师实际上只起一个辅导的作用，对学生提出的问题进行启发和答疑[10]。

犹太人教育的一个重要方法是对话法。以色列的孩子非常吵闹，而且话多，但以色列人认为这是自然的事情。他们没把孩子作为教育的对象，而是和成年人同等对待，和成年人一起讨论，通过对话，来进行教育。此种教育方式需要教师有相当的耐心和忍耐力。

在以色列，教师讲课、孩子在那里静静地听课的学习方式是无法想象的。教师的话音未落，孩子们便会争先恐后地提问、讨论。而教师成了旁听者，等孩子们讨论结束后收集并整理每个人的意见后确定结论。如在讨论中孩子们各执主张争吵起来的话，教师会给孩子们各自辩论的机会，之后给予指正。这过程不是判决过程，而是让孩子自我检讨和以多种方法解决问题的思考过程。孩子和教师围坐在一起讨论的样子就像小型国会的情景[11]。国外研究者发现，在以色列的公司里，人们很少看到有人背后议论人，你总是当面就能知道所有的事情。

（四）崇尚艺术

虽然有现实环境的生存压力以及受到资源短缺的困扰，但是以色列的文学、音乐、舞蹈、美术等在世界上却很出名，被世界公认为音乐水平最高的国家之一。与北京面积相仿的以色列却有大大小小建筑精美的博物馆 100 多个、图书馆 1000 多个。以色列人认为，科学是逻辑思维，是抽象化和聚集性的；艺术是形象思维，是个别化和发散性的。这两种思维构成了创新必需的两种基本元素。

（五）保障教授和学生在自由的学术氛围中自主创新

经济合作与发展组织（OECD）统计数据显示，以色列45%的公民都接受了大学教育，这个比例在世界位列最高水平。瑞士洛桑国际管理学院（IMD）公布的《世界竞争力报告》显示，以“大学教育是否满足竞争性经济的需要”为标准，以色列在60个发达国家中的排名已升至第二位。以色列的大学学术研究是充分自由的，科研项目做什么和怎么做，教授和技术人员均可自主选择。我们在访问时多次问及教授们取得卓越的科研成就的奥秘是什么，他们都提到同一个词：自由（Freedom，Liberty，Latitude）。当我们问及以色列创新人才培养秘籍时，听到的最多的回答是：“想干什么就干什么。”实际上，政府不干预学校，学校也不干预教师，但在保障科研主体科研自由的同时，更是依靠经费激励机制刺激科研创新。因为具有竞争优势的科研成果和科技论文，得到的科研经费支持都是最高的。

三、灵活适用——创新人才培养的机制保证

一种观念性的东西只有成为一种制度、一种机制，才可能持久发挥作用和流传下去。以色列的这种创新文化真实、有力地体现在人才培养的机制之中。

（一）创新人才的选拔机制

首先是擢拔英才，建立天才学生鉴定程序和实施天才特殊培养计划。以色列的天才计划由国家公共款项资助，为了让每个儿童都能获得平等的机会，教育部运用一套统一的规则和标准来监督全国性的选拔过程，即采用Szold学院选拔标准。鉴别过程可分为两个阶段：最初筛选阶段和鉴别阶段，个别计划还存在第三阶段即面试阶段。测试地点在全国性的特殊测试中心。第一阶段是最初筛选阶段，所有的学生都要进行测试。第二阶段由Szold学院统一管理，学生分组测试。在此测试筛选的学生中，3%的候选人可参加午后课外活动计划，仅有1%—1.5%的优秀候选人可加入特殊班级或活页周丰富计划。以色列实施天才特殊培

养计划，任何一名被鉴定为“天才”的儿童都可以参加当地的特殊计划，教育部和地方部门共同决定每个计划的种类及教学学科的选择。天才计划主要有以下三种：一是特殊班级。主要出现在以色列的一些大城市，天才儿童可以参加市区学校里的独立班级。二是活页计划。参加此计划的学生平时在各自学校里学习主流课程，每周会有一天的时间去参加当地中心举办的特殊计划。三是午后课外活动。参加午后课外活动的学生，每周有一个下午的时间在特殊中心度过。该中心通常位于大学校园内或者社区活动中心内。孩子们可以从不同的科目中选出两门课程进行学习。

二是突出数学在人才培养中的作用。为了使以色列青少年成为未来科技创新的主力军，以色列巴依兰大学教育学院执行了一项重要的科技创新后备人才培养计划，即每年在全国的 11 年级学生中选拔 1800 名数学成绩优异者，安排在假期中由大学教授实施专项培养，提前上完大学数学课程，为其科研能力培养打下扎实基础。

三是建立创新导向的博士培养制度。博士培养是以色列尖端人才培养的重要途径，其做法很有借鉴意义。（1）为保证导师视野开阔、知识前沿，以色列大学的博士生导师多与国际学术界联系密切，每年数次参加国际性学术会议，不少人还在国际学术组织中兼职。（2）实行导师负责制。为保证导师有充足的时间与精力对博士生进行指导，每一个导师招收博士生的数量不能超过 5 人，现有学生毕业前不得招新生。（3）规定博士生研究课题必须位于各学科前沿，杜绝低水平、重复性的课题研究。导师要求博士生研究的创新课题从实处、小处入手，将之做深、做精、做透。（4）论文、成果评审国际化。博士生的学位论文要在国际性学术刊物上发表，研究成果的鉴定或论文的评审是由具有国际水平的教授或国际学术机构进行的。（5）博士生必须大量参与国际学术活动，了解掌握本学科研究的全球性信息。一般大学还要求博士生每周必须参加几次各学科相互交融、内容丰富、信息前沿的研讨会，有些大学还设有专项经费供博士生申请参加境外国际学术会议。（6）学业评价以研究能力、科研成果和论文水平为博士生素质的重要标志。（7）教学过程坚持学术民主，保证学生享有自由发展空间。导师乐于与学生探讨，鼓励学生的创新想法，激发学生潜力。（8）注重博士人才的人文精神培养。人才素质既包括出色的专业知识和科研能力，还包括人文精神、民主意识、合作精神和学术道德[12]。

（二）军旅历练的大学生来源机制

生源素质是大学教育质量的起点。以色列大学的大学生源主体，来自18周岁以上、在部队服役两至三年的退役士兵。在以色列凡达到应征年龄的17周岁男生和女生，都要到国防军征兵中心报到，参加各种筛选，包括体能和心理测试、面谈与医检，符合要求的合格人选，再参加另外的资格测试和训练。服役后必须按照国防军各分支在技术方面的要求，接受两到三年的学术课程培训，其内容远远超出了以色列或世界其他国家普通大学的课程。他们不仅要有较宽的知识面，更要深刻领悟“科技和军队的需求——尤其是这两者之间的关系”，以培养成能独立解决问题的人，成为以任务为导向的领袖。这样的生源，不仅在极其注重军事科技研究与应用的部队里接受了广泛而深入的各种领域培训，培养了创新和解决问题的能力，而且具有较为成熟的人生经验，如在部队必须反应迅速，有时必须去做生与死的抉择，懂得什么是纪律，学会合作与默契，坚定做事的决心，等等。

以色列大学具有超强的创新人才培养能力，与其说是其创新人才培养模式独特，不如说是它的大学生源主要来源于军队，而非直接来自中学。针对有人试图从基因角度揭秘以色列难以解释的创新能力，西恩博格认为：“我想这应该归因于成熟，因为在这个世界没有其他地方的人在科技创新中心工作的同时还要服兵役。”[13]

“在以色列，从某种意义上说一个人在学术上的经历比不上在其军队的经历重要。”[14]以色列空军的精英部门、步兵团、情报和信息技术部门成为成千上万家以色列高兴科技创业公司的孵化器，而来自这些机构的大学生源，在上大学之前就完整地接受了系统的实验性的理念，而不是注重标准化的理念。他们在接受大学专业教育时，这种知识背景和基本素养就决定了学习目的和成才方向。

（三）以创新能力为导向的评价机制

以色列培养创新型人才体现在教育观念、学生考核评价以及独特的服兵役教育制度等各方面。以色列强调从幼儿园开始就要加强科学、数学和计算机教学，注重科技创新能力和基本素养必须从小抓起。为培养学生善于怀疑、批判、自主探究能力，教师鼓励学生提问，围绕问题共同探究，接纳包容学生的错误，培养学生独立自主的意识和标新立异的思想，培养学生的创造性思维和创造性人格。在考试评价制度上，以色列不把分数作为衡量优秀学生的最重要尺度。以色列没有类似我国高考的“一考制”，而是一年有 5 次考试，最后得出一个综合的评估结果，高校据此录用。这种制度给学生自由发展提供了广阔空间。

(四) 注重创新的成果转化机制

“如果一个以色列男人想要与某个女人约会，他当晚就会叫她出来；如果一个以色列企业家在生意上有个想法，他本周就会付诸实施。一个人在冒险之前应该先积累经验的道理根本不存在。”[14]一位在以色列投资了多家创业企业的美国企业家如是说。知识经济是以色列经济的基本特征，知识技术创新是大学的主要任务。以色列的高等教育目标明确：“着重传授对国家的持续发展至关重要的那些科学技术技能。”在这一教育理念指导下，高校成为以色列技术发展的主力军和开拓者，而且高度重视科研成果向实际应用的转化。笔者在访问中发现，无论是在特拉维夫大学、希伯来大学还是巴伊兰大学，他们的教授都热衷于介绍自己学校科研成果研发情况，对推广实际应用表现出浓厚的兴趣。如在巴伊兰大学教育学院时，院方几乎用一半的时间安排脑科学教育专家向我们推介其最近研发的脑科学教育技术产品，他们认为这项世界领先的技术产品在教学实践中的使用，能够将学习效率提高 50%以上。

以色列的大学是获得国内外专利最多的部门，平均每所大学获得的专利数量是美国大学 2 倍以上，是加拿大大学的 9 倍以上。以色列的大学在开展科研与产品开发紧密结合，多数大学成立了自己的企业。在政府的支持下，以色列大学校园附近还建立了许多以高科技产业为方向的工业园，为其信贷、税收等提供优惠条件。在工业园区内，大学与企业互相配合、密切合作，对研究出来的新成果进行快速投产和开发，当企业生产规模达到一定程度时，便迁出工业园区，进行扩大化生产。如今的以色列，魏茨曼科学研究院所属的魏茨曼科学工业园、特拉维夫大学与特拉维夫市合办的阿蒂迪姆科学园、希伯来大学所属的哈尔瞿茨维姆科学工业园等都已成为国家高科技产业的摇篮[15]。

四、自主开放——创新人才培养的国际化保证

以色列政府高度重视教育、科技的国际交流和高层次人才的培养、引进。以色列把大量吸收犹太移民作为一项基本国策。教师队伍建设注重吸引犹太移民，延揽国际人才。在1948—1989年间涌入以色列的移民中，拥有博士、博士后学衔和教授、副教授职称者在10万人以上[16]。1990年从苏联移居以色列的20万人中，70%的成年人是大学本科毕业，50%达到硕士、博士水平，其中工程师占24%，科研人员占21%，技术人员占14%，医务人员占11%[17]，为以色列高新技术迅猛发展奠定了基础。近些年来，以色列政府加大吸引高层次人才工作力度，在以色列攻读学位的研究生中的15%左右来自世界其他国家和地区。大学是聚集国内外尖端创新人才的高地，如在魏茨曼科学研究院的2500名研究人员中，约有500人来自其他国家和地区。以色列高等教育部提供的资料表明，以色列教师队伍构成具有世界性特征，来自国外的教师和科研人员占75.1%，本国的只占24.9%（见表1）。

表1　以色列外籍教授与本国教授所占比例情况

以色列	加拿大	北爱尔兰	意大利	法国	土耳其	英国	澳大利亚	波兰	日本
24.9%	12.2%	4.3%	4.2%	2.9%	2.2%	2.1%	1.9%	1.8%	1.3%

以色列的科研项目大都与其他国家相互合作，发表的学术论文1/3以上都是与外国学者合作完成。以色列的大学因其科研水平、能力和国际化程度高而得到西方发达国家的广泛认可，享有很高的国际声誉。在考察中，耶路撒冷希伯来大学校长告诉我们，办好高水平大学有四个关键要素：一是人才，学校要唯才是用；二是要建立一种激励性管理制度；三是鼓励学术自由；四是坚持国际评估，促进创新项目选择。

为保证办学水平与质量，评审国际化是以色列大学的一大显著特色。在近些年来，以色列掀起了进一步发展高等教育的热潮，私立大学大量出现，而且还不断加强国际合作，允许国外机构到国内建立大学，

目前已建立了30所。为加强新学院、新学科建设和新项目研究，政府和大学都将主要的评审权交给国外专家和权威评审机构，杜绝圈子内的学术腐败，既保证了评审的客观公正性，也有利于实践主体对创新价值的追求。

参考文献

[1] 经济合作与发展组织．教育概览2012：OECD指标［M］．北京：教育科学出版社，2012：373.

[2] 邱兴：以色列学前教育投资研究［J］．世界教育信息，2005（12）.

[3] 李平．以色列社区学前教育简介［J］．教育导刊，2003（8）.

[4] 张晓鹏．以色列教育：“智慧的民族”立国之本［J］．上海教育，2007（11B）.

[5] 刘扬．中国与以色列的职业教育比较研究［J］．出国与就业，2011（3）.

[6]［7］［8］［9］［13］［14］［15］丹·塞诺，索尔·辛格．创业的国度——以色列经济奇迹的启示［M］．王跃红，韩君宜，译．北京：中信出版社，2013：226，32，41，52，75，71，76.

[10] 李春华，卫军帅．刍议以色列中小学教育独特性及启示［J］．菏泽师范学院学报，2010（5）.

[11] 犹太人的早期教育值得我们学习［EB/OL］．［2015-06-09］．http://site.douban.com/157025/widget/forum/8189076/discussion/46141392/.

[12] 李新元．以色列博士培养的理念［J］．世界教育信息，2006（9）.

[16] 赴以色列、意大利科技考察报告［EB/OL］．［2015-08-13］．http://wenku.baidu.com/view/98ab11828762caaedd33d42d.html.

[17] 覃明贵．狠抓教育　广纳人才——以色列成为经济强国的关键因素［J］．当代世界，2002（1）.

[18] D. Ben David. Analysis of OECD and US statistical yearly report 2003［Z］. 2008.

（袁振国系华东师范大学教育学部主任、
中国教育学会副会长，张彩云、龚亚夫、
王燕、毕诚、田凤均系中国教育科学研究院研究人员）

冒　荣

扩大高校办学自主权为什么仍在路上

一、一直在路上的改革

2014 年 11 月，国家教育体制改革领导小组办公室印发《关于进一步落实和扩大高校办学自主权完善高校内部治理结构的意见》，紧接其后，一些地方教育主管部门也相继出台了进一步落实和扩大高校办学自主权的有关文件，扩大高校办学自主权再度成为我国高等教育改革中的一个热点。

无论是对于追求吸引眼球的媒体，还是对于期待改革创新的公众，扩大高校办学自主权也许都并非新鲜的话题，这里的出新之处在于“进一步”，因为我国高等教育体制改革早已跨出了扩大高校办学自主权的步伐，三十多年来我国高等教育体制的改革就是以扩大高等学校办学自主权为起点的。从 1979 年 12 月 6 日《人民日报》发表苏步青等几位著名大学校长、书记关于《给高等学校一点自主权》，到 1985 年 5 月《中共中央关于教育体制改革的决定》中提出要从根本上改变政府有关部门对学校主要是对高等学校统得过死，使学校缺乏活力的状况，坚决实行简政放权，扩大学校的办学自主权，在20世纪80年代，扩大高校办学自主权曾经是当时高等教育体制改革最主要的着力点。而随着高校办学自主权的扩大，我国也启动了高等学校办学体制、招生体制和内部管理体制等多方面的改革。虽然80年代末的那场政治风波曾使高等教育体制改革一度低迷，但被叫停的只是在少部分高校进行的校长负责制试点，扩大高校办学自主权的改革基本上还是保持了行进的态势。90年代以来，随着我国经济体制从计划体制向市场体制的转轨，扩大高校办学自主权，在国家有关高等教育的重要政策文件中一再被关注和强调：1992年8月国家教委印发《关于国家教委直属高校深化改革，扩大办学自主权的若干意见》；1993年2月中共中央、国务院印发的《中国教育改革和发展纲要》中，进一步提出要建立和完善“政府统筹规划和宏观管理，学校面向社会依法自主办学的新体制”；1998年颁布的《高等教育法》则明确规定，高校享有招生、学科专业设置、教育教学、科学研究与社会服务、国际交流合作、机构设置与人事管理、财产管理与使用等七个方面的自主权；2010年颁布的《国家中长期教育改革和发展规划纲要（2010—2020年）》，又对落实和扩大高校办学自主权做了新的部署。可以说，扩大高校办学自主权是一项从未断线而一直在路上的改革。

这项改革一直在路上，显示了教育管理部门在这方面的确定理念和持续努力，但另一方面又不免让人有“三十功名尘与土，八千里路云和月”之叹，从1985年提出“坚决实行简政放权”到现在，三十年来，教育管理部门和许多高校的领导者换了一茬又一茬，而扩大高校办学自主权却依旧在路上，这条路是否让人感觉悠长了一点呢？

究竟什么原因使得扩大高校办学自主权的改革仍在路上？这条路还有多远呢？

二、高等教育管理体制改革中的“摩擦效应”

为什么扩大高校办学自主权仍在路上？或许我们可以用“任何改革都不会一蹴而就”的套话，或者以高等教育改革和发展中会不断产生“权力增量”[1]这样颇具新意的提法来解释，但这两种解释都不免失于笼统和粗略。如果稍微细致一点，从改革的动力机制方面去考察分析，就不难看到，直接的原因在于高等教育管理体制多向性改革中产生的“摩擦效应”，抵减了扩大高校办学自主权的推力，使得这方面的改革虽然决心大，但却“走不快”。

三十多年来围绕着政府与高校关系处理的我国高等教育宏观管理体制的改革，实际上包含着三个方面的调整：一是政府与高校之间办学权力配置结构的调整；二是政府部门和层级间即政府“条块”间对高校管理权力结构的调整；三是政府部门对高校管理权力施予方式的调整。而扩大高校办学自主权的改革则主要是政府与高校之间办学权力配置结构的调整。

20世纪80年代，我国高等教育管理体制改革的社会背景包含两个方面：一方面，由于“以阶级斗争为纲”的口号被摒弃，经济建设成为党和国家的中心工作，但又面临“文革”导致的人才断层，需要发挥高校的办学积极性，为社会主义现代化建设快出和多出人才；另一方面，基于“文革”的教训，解决好权力过于集中的问题成为当时政治体制改革的重要任务，并从政治领域影响到社会生活的其他领域，使得权力下放成为当时改革的一种普遍性趋势。经济建设和政治体制改革这两方面的要求，促使扩大高校办学自主权成为高等教育体制改革的突破口和主要着力点。

20世纪90年代以来，我国高等教育管理体制改革主要来自经济体制改革的推动，在建立与社会主义市场经济体制相适应的高等教育体制中，虽然仍然强调高等学校自主办学，但高等教育管理体制改革的实际着力点转向了政府“条块”间对高校管理权力结构的调整以及政府部门对高校管理权力施予方式的调整。即一方面是通过“共建、调整、合并、合作”，改变政府对高校管理权力结构上条块分割的格局，形成管理职责明晰的中央和省级政府两级办学管理、以地方管理为主的高等教育管理体制；另一方面则是改变政府部门原来对高校简单化的直接行政管理方式，转向运用立法、拨款、规划、信息服务、政策指导和必要行政手段等多种方式的宏观调控。

从条块分割到条块归并，对相当一部分高校来说，从原来既受隶属部门又受教育主管部门管辖到只受教育主管部门管辖，不仅上头干预的部门少了一半，而且不致因双重领导的政令不一而无所适从，而政府部门对高校管理方式从单一性的行政手段转向多种手段的结合，则意味着高等学校与政府部门的关系在一定程度上从隶属性向契约性、从紧密性向宽松性的转变。这本来就是高等学校自主办学对政府与高校关系的必然要求，与高校自主办学是同一块硬币的正反面。因此，从理论上说，这两方面的调整对于高校自主办学是具有积极的促进作用，可以产生一定合力效应的。

然而，从实际结果来看，这两方面的调整却同时又产生了某些与扩大高校办学自主权相悖的摩擦效应，主要反映在以下几点上。

1. 条块归并后的集权趋势

在我国高等教育管理体制改革三方面的调整中，被认为最富成效的就是政府“条块”间对高校管理权力结构的调整，它在很大程度上改变了原来高等教育领域部门办学、条块分割的格局，也在一定程度上克服了原来重复办学、资源浪费的弊端。随着条条和条块间的归并，政府部门间对高等教育的管理权力结构由网状式基本转变成树状式，高等教育宏观管理权力集中到教育主管部门。同时，随着经济发展，政府对教育的投入不断增长，因而教育主管部门对高等教育的统筹调控能力也空前增强。这种情况再加上政治上维稳的要求和高校办学中出现的如学术腐败等某些新的问题，一方面激起教育主管部门做大事的万丈雄心，另一方面又给他们带来怕出事的百般担心，而这种雄心和担心都使得教育主管部门更倾向于追求管理的统一性，也更倾向于扩张自身的调控权力和约束高校的自主办学权力。例如，从 2007 年起，部分专业硕士生入学专业课考试就由高校自主命题改成了全国统考。

2. “重点”制度中的权力“任性”

自 20 世纪 90 年代以来，政府部门对高校管理权力施予方式的调整中，最盛行的方式莫过于那种重点项目制度，即通过设立各种各样的重点项目刺激调控高校的办学行为。我国高等教育领域的重点项目制度，本来是计划经济时代为了在经费短缺的约束下“集中力量办大事”，以在学术上有所赶超的一种策略选择。但在经济转轨时期，这种“集中力量办大事”的习惯思维，掺进泛化了的效率优先和打破平均主义、引入竞争机制的理念，加上“大国崛起”背景下的赶超热情，竟发酵成几乎扩散到高等教育领域每个角落的网络化的重点项目制度。虽然这种重点项目制度在一定程度上增加了政府对高等教育的投入，强化了高等教育领域的竞争机制，但它通过重点和非重点的划分，人为地创造出一种稀缺，增加了教育主管部门在资源配置上的实际权力，特别是使之在资源增量范围获得了更多可以“任性”的自由裁量权，以致往往带来高等教育界在角逐“重点”时的“寻租”行为。而随着重点项目制度日益蔓延和繁盛，各种重点项目的有无和多少关乎高校的名声利益，影响着其盛衰成败，高校对各种重点项目的依赖程度日益加深，乃至高校工作人员的价值取向及行为方式都会受到重点项目制度的影响和支配。这样，通过重点项目制度，教育主管部门给高校自主办学就套上了某种无形的枷锁，它对高校的控制程度并非减弱而是进一步强化。

3. 评估滥化下的不由自主

除了重点项目制度外，政府部门在对高校的管理中使用日益增多的手段就是这样那样的评估。如教学评估、专业评估、学校评估、合格评估、优秀评估，以及各种各样的研究生论文抽检等。从出发点来看，这些评估是为了建立和完善高等教育质量保证监控体系；从实际效果来看，它们对保证高校人才培养的基准水平也起了一定促进作用。但另一方面，这种采取居高临下态势和依靠行政指令操作的行政模式评估，又呈现出以下趋势：一是频繁化。评估的名目越来越多，评估活动日益常态化，以致一般高校都为此成立了专门机构，对内评估教师教学，对外应付管理部门的评估。二是威权化。评估结果日益成为衡量高校业绩的重要依据。有些评估如合格评估的结果，差不多是高校的一张“生死符”；某些采用专家意见的评估，为强调严格掌握标准，甚至采取一票否决制，一剑封喉。因而，每项评估对高校来说都如同一道紧箍咒，每临评估，便如履薄冰，评估过后，才如释重负。三是烦琐化。为了追求评估指标体系的科学性、完备性和评估结果的准确性，不少评估都需要高等学校准备和提供大量的资料数据，结果是高校不堪其扰，管理部门却“不改其乐”。在这些趋势下，高校总是不由自主地跟着评估的指挥棒转，把大量的办学精力消磨在应付评估中，还能有多少真正的办学自主权呢？

三、难以摆脱的“路径依赖”

高等教育管理体制改革中的“摩擦效应”，又一次印证了“路径依赖”原理。尽管某些改革设计的初衷是为了适应经济体制的转轨，减少政府部门对高等教育的行政干预，使高校获得更多办学自主权，但人们在长期高度集权的计划经济体制下形成的思维习惯和行为方式却仍会沿袭下来而一时难以改变，以致在这些改革的实际操作中仍会偏到集权和强化行政干预的一边。

这种“摩擦效应”也反映了高校办学自主权对办学资源的依赖性。高校对重点项目的依赖说到底是对办学资源的依赖；政府部门在资源配置上的自由裁量权越大，高校对政府部门的依赖程度越深，自主办学的实际空间越小。不能给予高校稳定可靠、不受制于人的资源保障，扩大高校办学自主权便难免失于空言。

鉴于这样的教训，要扩大高校办学自主权，需要人们努力摆脱“路径依赖”，克服计划经济体制下形成的惯习，宁可管理部门能少一些做大事的自负，多一些做好分内之事的平常心甚至无为而治，以避免“集中力量办大事”的集权化倾向。为此，期待管理部门在决心“放权”时，更要拿出“壮士断腕”的勇气去“简政”“瘦身”，“简政”才能真正“放权”，政府部门“瘦身”了，才能真正少管事，否则人多了总要找事做，放给高校的权也会有人变着法儿收上来。

要扩大高校办学自主权，不能只是强调高校的自我约束机制，更重要的是要约束有关管理部门的权力，避免管理部门权力的扩张对高校办学自主权造成的侵害；特别是要减少有关管理部门在资源配置上的自由裁量权，避免权力的“任性”。

要扩大高校办学自主权，需要给予高校相应的资源保障，让高校有“底气”。要通过立法，使高校办学能得到稳定可靠的经费支持；对高校的财政拨款，要坚持公平、公正原则，减少人为因素影响，清除“跑部钱进”现象；要严控重点项目经费的额度和其在高等教育财政拨款中的比例，降低高校对重点项目的依赖程度。

要扩大高校办学自主权，还需要管理部门改变传统的那种对高校居高临下的态势，探索高校去行政化的途径，促进管理部门目前与高校之间的上下隶属关系真正向契约性的平等关系转变。

当然，这些仍然失于笼统、粗略的举措也与扩大高校办学自主权一样，并非新的提法，有的已被重复多次。这里的关键问题是知易行难，尤其是要人摆脱“路径依赖”。科学社会学中有一条“普朗克原理”，认为新的科学理论得到普及很少是因为它改变了反对者的观念，而只是由于反对者逐渐离世，新的一代一开始便接受了它。倘若人们摆脱“路径依赖”，克服计划经济体制下所形成惯习的过程也会遵循这一原理，扩大高等学校办学自主权之路便无疑还会很远、很远。

参考文献

[1] 卢晓中．高校自主权：落实或扩大？——基于国家教育政策文本的简要分析［J］．苏州大学学报：教育科学版，2014（3）．

（冒荣系南京大学教育研究院教授）

□ 扈中平

从“管理”到“治理”：重大教育决策须更多倾听教育研究者的声音*

长期以来，我国的重大决策总体上是按照“管理”的理念和思维来设计和推进的。在各种力量的推动下，我国教育改革和发展虽然取得了巨大的成就，但其中也有不少失误。造成这些失误的原因很复杂，其中一个重要因素就是在决策理念上“管理”的思维太浓重，“治理”的思维太淡薄，决策部门往往以全能政府的姿态出现，决策往往单向地自上而下，未能广泛、充分听取来自各方利益群体的诉求，决策过程时常简单而仓促。要最大限度地避免重大教育决策中的失误，尽量避免教育改革和发展中大的反复和折腾，就需要在决策理念上逐步从“管理”走向“治理”，重视来自不同方面的呼声，而这其中，注重倾听专业教育研究者的声音显得尤为重要。

* 本文系国家社科基金“十二五”规划教育学一般课题“人性的教育学意义及教育人性化的实践策略”（项目编号：BAA130007）阶段性研究成果。

一、“管理”与“治理”的区别

党的十八届三中全会通过的《中共中央关于全面深化改革若干重大问题的决定》（以下简称《决定》）明确提出：全面深化改革的总体目标是完善和发展中国特色社会主义制度，推进国家治理体系和治理能力现代化。这是我们党首次提出“治理体系”和“治理能力”的概念，并将其作为全面深化改革的总体目标，它表征党和政府在治国理政方面有了新观念、新思路，顺应时代变化、融入世界潮流，反映了从“管理”国家到“治理”国家思维方式上的重大转变，凸显了执政理念的升华和治国方略的转型，将对中国未来发展产生重大影响。

（一）关于“治理”的内涵

治理理论是现今社会科学的前沿理论之一，兴起于20世纪90年代的一些西方国家，由80年代初的“地方治理”和80年代后期的“公司治理”发展为“公共治理”，现已成为许多国家政府治国转型的趋向。

从“管理”到“治理”，虽然仅一字之差，但其内涵和外延都发生了巨大改变。所谓“管理”（Government），简单一点说，就是依靠传统公共管理的垄断和强制性质，把所辖的地区、部门和人“管”住、“管”好，使其符合管理者的意志，全能政府的色彩浓重，较少采取多元、协作和互动的方式。相对“管理”而言，“治理”（Governance）是一个内容更丰富、包容性更强的概念，更加强调多元性、系统性、公共性、沟通性、协同性、灵活性，更加鲜明地指向公平、正义、和谐、有序。

何谓“治理”？虽然学界很难有一个统一的认识，但对其精神实质的理解还是比较一致的。联合国全球治理委员会在1995年发表的一份题为《我们的全球伙伴关系》的研究报告对“治理”下了一个概括性很强的定义：“所谓治理是各种公共的或私人的个人和机构管理其共同事务的诸多方式的总和，它是使相互冲突的或不同的利益得以调和并且采取联合行动的持续的过程。它既包括有权迫使人们服从正式的制度和规则，也包括各种人们同意或以为符合其利益的非正式的制度安排。”[1]我国学者郭为桂认为治理有四个基本特征：治理不是一整套规则，而是一个过程；治理不是控制，而是协调；治理既涉及公共部门，也包括私人部门；治理不是一种正式的制度，而是持续的互动。由此可见，治理超越了传统科层官僚制和民主制的畛域，把公共事务的管理视为多元主体参与和多方责任共担的过程，同时也是一个多种机制共振和多种资源整合的过程[1]。

（二）“管理”与“治理”的实质性差异

管理与治理虽有相通之处，但更有着实质性的差异[2]。

其一，管理主体往往是一元的，治理主体是多元的。管理通常是仅仅依靠政府权力机关一种力量，而治理则既可以是政府组织，也可以是非政府的其他组织，或政府与民间的联合组织。治理的着眼点是促进社会参与，强调的是社会各类主体在国家和社会事务中的地位与作用，政府不再享有唯一的、独占的统治权威，而且，在某些领域，非政府组织和个人甚至比政府拥有更大的优势。从20世纪80年代以来的行政改革趋势看，世界许多国家政府管理改革的一个基本趋势是从一元走向多元，总的追求是公共治理。这是由传统政府管理暴露的公共权力局限性决定的。我国正在推进的政府职能转变，其重要指向之一就是促进社会各类主体平等参与国家和社会事务。

其二，管理往往是垂直的，治理是扁平的。管理通常只有自上而下，而治理则既有自上而下，也有自下而上，甚至从中间向上或向下延伸和铺展。

其三，管理往往是人治的，治理是法治的。管理尤其是权力过于集中的管理，通常是以“官”（管理者）为本，使得法制框架内行政行为缺少有效的监督与问责，政府部门基本上是想干什么就可以干什么，而且极易随官员的更替“另起炉灶”、重搞一套。管理的长官意志色彩浓厚，往往意味着简单命令和行政化管控，一声令下，理解不理解都得执行。治理追求的是以“人”（民）为本，依法行政。在治理理念下，不随领导人的变化随意改变政策，行政权力的边界发生了根本性变化，不再是政府部门想干什么就干什么了，而是干之前得先问问公众需求，听听各方意见。

其四，管理往往是单向度的，治理是体系化的。管理通常是强制的、刚性的，权力运行单向，政府单打独斗、居高临下，而治理则是系统化、制度化和多向互动的，各类主体平等参与、民主协商。十八届三中全会《决定》提出了“政府治理”和“社会治理”的新理念，力图构建一个包括政府治理和社会治理在内的全面的治理体系，意味着今后在国家和社会事务中，各类市场组织和社会组织具有平等参与的机会和舞台。

“治理”一词在我国的兴起是引介于西方，而其本身又是“一套十分复杂且充满争议的思想体系”，见仁见智，但治理理念给我国教育决策所带来的启示是极为深刻的。

二、改革开放后我国重大教育决策上的失误例举

不可否认，改革开放以来，有关我国教育改革和发展的诸多决策中存在着种种失误。虽然因无前车之鉴不得不“摸着石头过河”，有些失误是难以避免的，但更多的失误是由管理甚至统治的思维过度膨胀导致的，具有必然性。

从统治到管理，从管理再到治理，随着治国方略总体思想的演变，有必要反思和清理改革开放后重大教育决策中的种种失误，以警示我们更好地从教育管理走向教育治理。

（一）把教育作为产业的政策导向

尽管“教育产业化”从来没有成为国家层面的政策，但在十一届三中全会做出将党和国家的中心工作转移到经济建设上来的决策之后的20多年间，把教育作为产业来操持的经济学思维就一直存在并一度甚嚣尘上，教育工作的重点从为阶级斗争服务迅即转到了为经济建设服务的轨道上。由此，作为政治改革的教育改革基本结束，而作为经济改革的教育改革成为主导。

在经济学思维的主导下，举国上下一片亢奋，一切向“钱”看，经济效益几乎成为衡量各行各业地位和一切社会活动价值的唯一标准，越能来钱、越能逐利的行业就越有地位和价值。经济学思维主导的国策

相对于阶级斗争思维的确是一个很大的进步，对经济已走到崩溃边缘的我国来讲，是非常必要的，但现在回过头来看，其局限性和危害性也是显而易见的。

1984年国家统计局把教育划分在第三产业的第三个层次；1992年《中共中央国务院关于加快发展第三产业的决定》明确把教育事业归入第三产业。1992年中共十四大确立社会主义市场经济体制的经济改革目标，1993年《中国教育改革和发展纲要》顺势提出“初步建立起与社会主义市场经济体制和政治体制、科技体制改革相适应的教育新体制”，教育改革从由政治挂帅转向了以经济为主导。1999年第三次全国教育工作会议提出，要“切实把教育作为先导性、全局性、基础性的知识产业和关键的基础设施摆在优先发展的战略地位”。以上一系列决策，都在根本性的意义上成了“教育产业化”理论和实践的思想导向及政策依据。

以市场为导向的教育改革虽然在一定程度上和一定时间内能够激发教育的活力，但它在方向上是错误的。事实证明，这种具有很强经济主义属性的教育改革扩大了差别、加剧了分层，严重破坏了教育的公益性和公平性。从某种意义上讲，教育的市场导向为教育走向事实上的市场化、产业化开启了绿灯、提供了依据。为了提高教育的所谓经济效益，国家发展教育的基本思路和策略是“少花钱，多办事”，这就出现了在不增加经费投入的情况下教育规模得以超常规扩张的热火朝天的“大跃进”局面。与九年义务教育普及和高校扩招并行的是，国家财政性教育经费占GDP的比例一直徘徊在2.5%上下。这种发展教育的思维导致了严重的中小学乱收费以及公办大学大规模举债、举办高收费的“独立学院”、大力发展“围墙经济”（包括中小学）和创收产业等怪象。此外，天价幼儿园的大量出现、高收费中小学的一度火爆、名校办民校、部分中小学大量收取择校费和赞助费等现象，都与把教育作为产业的政策有直接关系。这种改革导向，使教育发展的规律受到严重破坏，学校教书育人的功能与氛围被严重削弱和淡化。虽然“教育产业化”的口号在逐渐成为“人人喊打的过街老鼠”的情况下于2005年被叫停，但它已使我国教育遭受了极大的折腾，付出了沉重的代价，其中最大的破坏莫过于教育的经济思维在各级各类学校造成的人心涣散和浮躁难以消解。

无论是在20世纪80年代中期“教育商品化”受到追捧之时，还是在90年代“教育产业化”成为时髦之际，绝大多数教育研究者对经济主义的教育走向都是持质疑和反对态度的。然而遗憾的是，他们的声音几乎被忽略了，而且往往还被视为观念陈旧、思想保守而遭到嘲讽。导致教育产业化的相关决策并不是建立在广泛讨论和充分论证基础之上的，决策者主要关注的只是迎合他们决策意图、符合中心工作需要的声音，特别是经济研究者的声音。

（二）力推“人民教育人民办”的教育投入政策

从1986年我国颁布《义务教育法》到2000年基本实现“普九”的十多年间，“人民教育人民办”在很大程度上是我国普及义务教育的基本策略。这一策略的政策体现具体表现为：把发展基础教育的责任交给地方；实行分级办学；地方征收教育费附加；向学生收取杂费；等等。“人民教育人民办，办好教育为人民”看上去似乎很在理，办教育当然要依靠人民，当然是为了人民，但这一主张实际上是不合理教育投入政策的产物，是一种被迫和无奈的选择。事实证明，这项决策存有明显失误。

义务教育，顾名思义，核心在“义务”二字，即由政府免费提供。但从一开始，因教育投入严重不足，义务教育就没能做到免费，政府就没尽到义务。

1985年，《中共中央关于教育体制改革的决定》（以下简称《改革的决定》）颁布，这是一部与此前一年出台的《中共中央关于经济体制改革的决定》相配套的教育改革文件。《改革的决定》明确提出：把发展基础教育的责任交给地方各级政府。它确立了“分级办学”这一对我国城乡教育发展产生重大影响的教育制度，其实际做法为“县办高中、乡办初中、村办小学”。为了在国家不增加教育投入的前提下推进义务教育，《改革的决定》授权“地方可以征收教育费附加”，以解决地方教育经费不足的问题。这一教育体制改革推行的是城乡教育分割的制度，连同地方征收教育费附加的政策授权，把本应主要由国家负担的义务教育经济责任推卸给了地方，而其中相当一部分实际上是转嫁给了老百姓。这样，“人民教育人民办”就变成了人民教育人民出钱，严重背离了义务教育的应有之义。

我国的财政体制长期不是公共财政体制，政府是投资主体而不是公共财政主体。因此，地方政府更热衷于把钱花在能产生直接经济效益的地方，而经济发展的目标又是没完没了的，所以一直也“腾”不出更多钱给教育这种只花钱不来钱的“无底洞”。曾经流行的一句的口头禅是“一工交，二财贸，马马虎虎抓文教”，教育总是“剩余财政”，投入严重不足。1993 年的《中国教育改革和发展纲要》曾提出，到 20 世纪末，国家财政对教育的投入应不低于 GDP 的 4%，但 90 年代这个比例反而一直在下降，从 1991 年的 3.1%下降到 1997 年的 2.47%，2001 年恢复到 3.1%，之后两年又下降到 2.79%[3]。如此严肃的教育投资问题，却如同儿戏般随意，令人不可思议。

于是，要实现九年义务教育，只能依靠“人民办教育”。在农村，就是农民教育农民办；在城市，则鼓励企业办学（曾一度占城市教育规模的 40%左右）。在农村，一靠教育附加费，按农民上一年纯收入的 1%—1.5%征收，以此改善办学条件和聘请民办教师；二靠农村教育集资，用以建设校舍，因为农村的校舍建设国家没有专项拨款，不纳入基建计划，纳入基建计划的只是城市学校，农村本来就比城市穷得多，还得自己管自己的教育。这种方式进一步加重了农民的经济负担，所以我国普及义务教育的成就在很大程度上是以加重农民负担为代价取得的。据南京大学社会学系教授张玉林估算，20 世纪 90 年代十年间，全国对农民征收的“教育附加费”和各种“教育集资”，最保守的估计也在 1500 亿元左右。柳斌则表示，义务教育在农村筹措的资金估算下来有几千亿元[3]。

2000 年，国家开始在安徽进行税费改革试点，取消了农村的教育集资和教育附加费。这本是一件好事，减轻了农民负担，但义务教育经费却因此缺口更大，许多学校甚至难以维持正常运转。于是，学校乱收费问题日趋严重。教育部原副部长张保庆在 2005 年 8 月对媒体称，农村义务教育乱收费的主要原因是政府投入不到位，“不是学校在乱收费，都是地方政府逼着学校乱收费”。用一些老百姓的话来讲，这叫“逼良为娼”。实际上，学校乱收费是“人民教育人民办”的变相和延续。

“人民教育人民办”的口号在其盛行之时，就遭到了许多教育研究者的质疑和反对，认为这是国家在推卸对义务教育应尽的责任，是一种

"不义之举"。事实证明，这一举措不仅加重了农村和农民的负担，而且进一步造成了农村教育的滞后和城乡教育差距的扩大[4]。

（三）急促的高校大幅扩招

1999年陡然开始的高校大幅扩招虽然有着高等教育大众化的理论支撑，但它与其说是一种教育行为，不如说是一种经济行为；与其说是为了发展教育，不如说是为了刺激经济。此次教育决策，是利用教育促进经济增长的典型例子，发展教育在很大程度上不过是一个幌子，扩大内需以拉动经济才是扩招的核心政策目标。这项举措，最先由经济学家提出，决策过程迅速而急迫，甚至有些简单粗暴，如此事关重大的政策，从提出到决策仅四个月左右。虽然我们并不能因此完全否定扩招，也不能把人才培养质量的降低和毕业生就业难等问题完全归咎于扩招，但这项重大教育决策的方式和过程无疑是存在严重问题的。

扩招政策于1999年6月出台。此前，按照教育部国家教育发展研究中心于20世纪90年代初制定的规划，高等教育应"稳步发展"，并提出一个很具战略性的发展理念："高等人才供应应适当小于需求数量"。从1996年起，尽快实现高等教育大众化的呼声开始走强，有人抨击教育部的政策过于保守。一些学者更是提出2003年高等教育毛入学率要达到18%，到2010年达到34%。教育部对此回应：扩招时机未到。主要原因有二：其一，财政拨款不足；其二，就业存在严重危机。不过，为了回应批评，教育部还是提出了新的振兴计划，修改高等教育发展口号为"积极稳步发展"。

为什么扩招的决策如此迫不及待呢？其根本动因并不在教育自身改革和发展的需求，而是源自教育之外急迫的经济需求。我国从1997年开始进入社会震荡时期，国企开始改革，大量职工下岗，1998年失业率上升到7.9%—8.5%之间，为新中国成立以来的最高值。亚洲金融危机的爆发使得我国经济更是雪上加霜，内需严重不足，外需大幅萎缩。面对经济困境，中央提出了拉动内需的策略。1999年，高校公费生和自费生开始并轨，取消公费生，这就意味着扩招得越多所收学费就越多。同时，扩招后高校的硬件设施必须快速增长，这就会刺激相关投资，拉动内需。

1999年2月9日，《经济学消息报》刊登汤敏、左小蕾夫妇的公开信，信中建议“有关领导”在3—4年内将高校在校生数量翻番，新增学生每年自行支付学费1万元。按照他们的推算，这会带来可观的经济效益。公开信引发了热烈讨论，应该说，大多数教育研究者对扩招是持谨慎态度的，对把扩招主要视为拉动内需的手段的认识是持反对意见的。然而，教育研究者的声音对决策者们来说并不合拍，这种声音并不是他们想听到的，而经济学家的声音却与之一拍即合。到3月，国家发改委就急迫地在一份涉及当时经济与社会发展情况、任务的文件中，把高校扩招列为刺激内需的一揽子计划中的重要组成部分。紧接着，国务院4月便要求教育部调整当年的招生计划。

事实上，教育部对高校大幅扩招一直持保留意见。为了避免决策失误，教育部曾委托北京大学高等教育研究机构进行了可行性论证。论证报告与汤敏夫妇的观点有很大不同，认为扩招对经济刺激的作为非常有限。然而，这份“不合时宜”的报告并没有对最终政策产生影响。1999年6月初，最高领导层在极短时间内做出了扩招的决定。

上海财经大学公共管理学院汪庆华认为，扩招这一重大教育决策的做出没有遵循正常的决策流程。其一，最初的建议是由经济学家而不是由教育专业人士提出，政策方案是由国家发改委而不是由国家教育发展研究中心提出；其二，决策时间过于仓促，政策的形成、决定、实施三步几乎同时进行，没有广泛听取各方面的意见并做必要的可行性论证；其三，在是否扩招、扩招多少的决策上对经济结果的考量远远超过了对教育本身的考量，甚至与其说扩招是一项教育决策，不如说是一项经济决策[5]。

三、教育研究者在重大教育决策中的独特价值

我国教育决策中所出现的这样那样的失误，原因是多方面的，归纳起来主要有两点：一是政府对教育政策的超强控制，自上而下的垂直管理意味过浓；二是教育政策的制定过度服从于政治和经济的需要，对社会和人们的各方面需要缺乏权衡与兼顾。而以上两方面的原因，又都与教育改革和教育决策中“不把教育当教育”有很大关系。所谓“不把教育当教育”，就是不尊重教育的独立地位和教育自身的特性及规律，而是把教育当作政治和经济的手段及工具，这种思维的教育改革和教育

决策就难免步入歧途。我国教育决策要从管理思维转向治理思维，这其中一个根本性的转变，就是必须真正把教育当教育看，而在这方面，教育研究者的意见和见解不可或缺，不可替代，他们的呼声值得决策者们认真倾听。因为，教育研究者由于其自身的学科立场和实践立场，对教育的理解更为全面、通透，对教育的情感更为真挚、深厚，他们更倾向于坚持教育的相对独立性、维护教育自身的特性和坚守教育的价值诉求。而教育研究者的这些立场和诉求，是教育决策过程中必须予以重点关注的。

（一）教育研究者大多最能坚持教育自身的立场

教育自身的立场，归根到底就是教育以培养人为根本立足点。教育学理论告诉我们：教育是以培养人为首要目的的活动，这是教育的质的规定性，是教育之所以为教育的根本依据，是教育区别于其他社会活动的根本表征，舍此，要么就不是教育，要么就不是真正的教育。固然，教育要受到政治、经济等方方面面的状态和需求的制约，在这种制约面前，教育往往为相对受动、弱势的一方，但这并不等于说教育没有自己的相对独立性。培养人，是教育自身的根本立场，是教育之所以具有相对独立性的根本依据，是教育的本体功能，舍此，教育的政治、经济等功能便无从谈起。因此，任何有关教育改革和发展的决策，都要尽量避免偏离教育自身的立场，尽量减少对教育的相对独立性的损害。在世界上，哪个国家教育自身的立场和相对独立性得到比较充分的尊重，哪个国家的教育通常就能够得到比较健康的发展；在我国，什么时候教育自身的立场和相对独立性得到比较充分的尊重，什么时候教育就发展得比较健康。

教育与社会既要保持较为密切的联系，又要保持一定的距离，不宜与社会随波逐流、亦步亦趋。失去了相对独立性的教育，其育人功能必然遭到破坏，反而不能较好地为社会发展服务。所以，任何教育决策，都必须尽可能立足于教育自身的改革和发展，而不可以政治或经济的立场取代教育的立场。但我国的许多重大教育决策，其根本立场要么是政治的，要么是经济的，要么是政治-经济的，而较少有基于文化的和教育自身的立场。新中国成立以来的经验和事实充分表明，沦为政治的工具和经济的奴仆的教育，不仅教育自身受到了巨大破坏，最终也伤害了政治和经济本身。当然，这并不是说教育不要接受政治、经济的制约，这既不可能，也于教育无益，但教育终究是教育，这是必须坚持的立场。

在有关教育改革和发展的决策中，最能坚持教育自身立场的学者，当然是教育研究者。专司教育研究的人，通常在理性上对教育知之更深，在感情上爱之更切，他们最理解教育的本质，最了解教育的特性，最敬畏教育的规律，最维护教育的利益，最关心教育自身的健康发展。因此，他们对教育改革和发展的诉求对教育决策具有不可替代的价值，关乎着一项教育决策是不是在根本上立足于教育自身立场的教育政策，这是决定教育改革成败和成效的基本前提之一。

（二）教育研究者大多最能坚守教育学的价值诉求

作为以教育为研究对象的教育学，其学科性质不仅具有社会科学的属性，亦具有人文学科的属性。教育的质的规定性是培养人，因而教育学归根到底是研究如何培养人的一门学科。古今中外的教育理论都程度不同地具有一定的人文性，以哲学家和教育学家为主体创立的教育理论通常更是具有比较强烈的人文价值取向，因为他们的教育理论主要是立足于教育自身的立场，主要关注的是人自身的完善和发展。在近现代社会，教育学的人文价值尽管在强势的政治、经济赋予甚至强加于教育的工具主义价值面前经常遭到排斥和压抑，但它毕竟在根本的意义上支撑着教育，在抗争中不断发出自己的声音。

教育学的人文属性使教育理论通常具有较为强烈的价值理性和理想主义的浪漫情怀，其价值诉求更加关注和追求诸如教育以人为本、人的全面和谐发展、教育的公平与正义、教育的公共性与公益性、教育的机会均等、教育发展的均衡性等，尤其对义务教育而言，更是如此。正是这些关系教育命脉的价值诉求，构成了教育的核心价值，使教育不致失去自己基本的立足点而丧失其灵魂。

在有关教育改革和发展的决策中，最能坚守教育学价值诉求的学者，自然也是教育研究者。甚至可以说，没有一定理想主义和浪漫情怀的人都不大适合专门研究教育，因为在教育的本性中，天然地就倾向于向往人世间的美善，追求人自身的完善。教育研究者对教育理论一如既往的价值诉求通常理解得更为深透，对教育中的不公平、非正义的现象最为反感，而这种诉求和态度，是教育决策在任何情况下都必须关注的。否则，教育改革和发展就极易走偏，失去教育应有的意涵和特质。

新中国成立以来，教育决策面对来势凶猛、轰轰烈烈的政治运动和经济热潮，教育研究者的呼声不仅显得非常弱势，而且还往往被斥为落后和保守。改革开放后，我国的重大教育决策主要受到的是来自经济需求方面的直接干预。在以经济发展为中心的背景下，经济学总是显学，经济研究者的声音总是最受重视。在有关教育事业改革和发展的决策过程中，他们总是表现得比教育研究领域的专家更专业、更有底气。之所以如此，唯一的原因和逻辑不过是因为他们是研究经济的，而经济是压倒一切的。党的中心工作是发展经济，这毋庸置疑，但中心工作不是唯一工作，更不意味着可以用经济思维来思考一切问题，用经济方式来从事一切工作。尽管经济对社会的各项事业都有着强大的制约，但经济就是经济，教育就是教育，在性质上不能混淆，否则既不利于教育的健康发展，最终也不利于经济的持续增长。如果无视不同社会事业的性质、特点和规律，凡事都以经济发展的逻辑和经济学家的立场看问题，决策是肯定要出问题的。近几十年，我国在教育体制改革、文化体制改革、医疗体制改革等方面，决策者都过多地偏听了经济学家的声音，这是不明智的。事实证明，在他们的发声中，时常透露出不大懂或不怎么尊重文化与教育的片面肤浅和急功近利。他们过于相信经济杠杆的作用，似乎什么领域，只要采用市场化的运作，就能解决根本问题。长期以来，经济主义的思维很大程度上遮蔽了决策者的视野，使我们的事业遭受了不小折腾和损失。在治理思维下，这种状况是必须改变的。

参考文献

[1] 郭为桂．从社会管理到社会治理：中国语境下的治道变革［J］．中共福建省委党校学报，2013（12）.

[2] 陈伟．从管理到治理［J］．成都日报，2014-03-18.

[3] 马昌博，徐卓君．义务教育，这 20 年为何这么难？——对话全国人大常委会委员、国家原教委副主任柳斌［N］．南方周末，2006-10-12.

[4] 张玉林．分级办学制度下的教育资源分配与城乡教育差距——关于教育机会均等问题的政治经济学探讨［J］．中国农村观察，2003（1）.

[5] 宿亮．“扩招”的决策内情［N］．青年参考，2014-06-04.

（扈中平系华南师范大学教育科学学院教授）

《中国教育政策评论》简介及投稿须知

《中国教育政策评论》是以评论我国教育政策热点及难点问题为主要内容的集刊。自创刊以来，一直秉持“教育研究密切联系实践，服务决策”的精神，先后对中国教育发展过程中的重大理论问题和实践问题进行了专门探讨，在教育研究、教育决策以及教育实践领域产生了广泛而深远的影响，已连续被确立为 CSSCI 来源集刊。

《中国教育政策评论》面向国内外征集优秀论文。来稿请按照以下要求：

1. 稿件原则上没有在其他正式刊物上发表。

2. 来稿一律按照国家对期刊稿件的投稿要求格式写作，稿件字数以 1 万字左右为宜（含注释、参考文献、附录、图表等）。

3. 来稿文内标题一般分为三级，第一级标题用“一、” “二、” “三、”……标识；第二级标题用“1.”“2.”“3.”……标识；第三级标题用“(1)”“(2)”“(3)”……标识。

4. 正文字体一律为小四号，宋体。文内图标应规范，符合国家标准。表格标题置于表格前，以表格序号（表 1、表 2……）加标题名标识，表格序号与标题名之间空一汉字距离；图之标题置于图后，以图之序号（图 1、图 2……）加标题名标识，图之序号与标题名之间空一汉字距离。图标所有内容与正文一致，用小五号字。

5. 来稿所有引文务必注明出处。引用性注释采用《文后参考文献著录规则》（GB/T 7714—2005）规定的顺序编码制，文中用“[1][2][3]……”以上标形式标注，具体文献放在文后，用“[1][2][3]……”编码，与文中的“[1][2][3]……”序号相对应。同一文献引用多次时，用同一序号标注。著录格式请参照《文后参考文献著录规则》，如：

[1] 符娟明. 比较高等教育 [M]. 北京：北京师范大学出版社，1987：67.

[2] National Center for Education Statistics. Digest of Education Statistics：2008 [EB/OL]. [2009-10-18]. http://nces.ed.gov/programs/

digest/d08/.

［3］刘宝存. 大众教育与英才教育应并重［J］. 教育发展研究，2001（4）.

6. 文末请附作者简介、工作单位和详细通信地址。

7. 为适应我国信息化建设，扩大本刊及作者知识信息交流渠道，本刊已被《中国学术期刊网络出版总库》及 CNKI 系列数据库收录，其作者文章著作权使用费与本刊稿酬一次性给付。免费提供作者文章引用统计分析资料。如作者不同意文章被收录，请在来稿时向本刊声明，本刊将作适当处理。

出 版 人　所广一
责任编辑　孔　军
版式设计　孙欢欢
责任校对　贾静芳
责任印制　叶小峰

图书在版编目（CIP）数据

中国教育政策评论. 2015/袁振国主编. —北京：教育科学出版社，2015. 12
ISBN 978-7-5191-0087-2

Ⅰ. ①中…　Ⅱ. ①袁…　Ⅲ. ①教育政策—研究—中国—2015　Ⅳ. ①G520

中国版本图书馆 CIP 数据核字（2015）第 287300 号

中国教育政策评论 2015
ZHONGGUO JIAOYU ZHENGCE PINGLUN 2015

出版发行	教育科学出版社		
社　　址	北京·朝阳区安慧北里安园甲 9 号	市场部电话	010-64989009
邮　　编	100101	编辑部电话	010-64981167
传　　真	010-64891796	网　　址	http://www.esph.com.cn
经　　销	各地新华书店		
制　　作	北京金奥都图文制作中心		
印　　刷	北京易丰印捷科技股份有限公司		
开　　本	156 毫米×230 毫米　16 开	版　　次	2015 年 12 月第 1 版
印　　张	10. 5	印　　次	2015 年 12 月第 1 次印刷
字　　数	137 千	定　　价	28. 00 元